maklerCOCKPIT.DE

VersicherungsMarkt 2011

Entwicklungen, Prognosen, Ziele

Anschrift:
Postfach 10 01 61, 68001 Mannheim
oder
Janderstraße 10, 68199 Mannheim
Telefon: 06 21-8 62 62 62
Telefax: 06 21-8 62 62 63
E-Mail: info@akademische.de

Geschäftsführer: Dr. Ulrich Hermann
Verlagsleiter: Dipl.-Kaufmann Frank Schellmann

Produktmanagerin: Marina Hummel
Anfragen an die Redaktion: redaktion@maklercockpit.de

Die Gesellschaft ist eine GmbH mit Sitz in Köln.
Handelsregister beim Amtsgericht Köln: HRB 58843;
Umsatzsteuer-ID-Nummer: DE 188836808

Satz: CPI – Clausen & Bosse, Leck
Druck: SDK Systemdruck Köln GmbH & Co. KG, Köln

ISBN: 978-3-86817-131-0

Vorwort

Rechtzeitig zum Jahreswechsel präsentiert Ihnen das Autorenteam des Versicherungs-Handbuchs und des Versicherungs & Finanz Office professional erstmals die **aktuellen Themen Trends und Entwicklungen des Versicherungsmarktes 2011.**

In dieser Broschüre fassen wir kompakt und verständlich all das zusammen, was auf Versicherer, Vermittler und Versicherungsnehmer zukommt. Welche Produktinnovationen sind zu erwarten? Welche Rolle werden Ratings künftig spielen? Wir sagen es Ihnen.

Wie können Vermittler ihre Effizienz steigern und noch erfolgreicher sein? Lesen Sie dazu etwa, wie Sie im Bereich des **Wiederanlagemanagements** mit ausgezahlten Lebensversicherungen punkten. Werden **Honorarvereinbarungen** weiter an Bedeutung zunehmen und wie wird die Diskussion um Honorar oder Provision weitergehen? Was ist von der Weiterentwicklung der **EU-Vermittlerrichtlinie** zu erwarten? Antworten auf diese Fragen erhalten Sie ebenfalls. Darüber hinaus beleuchten unsere Experten den Vertrieb und das Thema der zentralen Zielgruppen bei der **Akquisition 2011.**

Nicht zuletzt wird die aktuelle Situation in den **Versicherungssparten** (Haftpflichtversicherungen einschließlich Betriebshaftpflicht, D&O, Kfz- und Rechtsschutzversicherungen, Kreditversicherung, Sach- und Betriebsunterbrechungsversicherung, Pflegeversicherung, Berufsunfähigkeitsversicherung, private Krankenversicherung, private Rentenversicherungen sowie Unfallversicherungen) analysiert und es werden mögliche Entwicklungen diskutiert. Schließlich kommt auch die **betriebliche Altersversorgung** nicht zu kurz.

Fazit: So **punktgenau, überschaubar und zeitsparend** erhalten Sie Ihre wichtigen Informationen nirgendwo anders. Wir wünschen Ihnen viel Erfolg für 2011 und freuen uns, Ihnen als kompetenter Partner dabei zur Seite zu stehen.

Marina Hummel
Produktmanagerin maklercockpit.de

Inhalt

I. Einleitung – Was kommt 2011 auf die Marktteilnehmer zu?

Autor: Redaktion maklercockpit.de

Was wird sich 2011 für Versicherungsnehmer, Vermittler und Versicherer ändern? Welche neuen Strömungen und Trends zeichnen sich ab? Wie kann der Vertrieb zukünftig zielgruppenorientierter und effizienter arbeiten? Auf welche Veränderungen wird sich der Markt insgesamt einzustellen haben? Auf diese und andere Fragen finden Sie in dieser Broschüre Antworten. Bei einer Aufteilung der Versicherungsnehmer in Privatkunden sowie gewerbliche und industrielle Kunden ist festzustellen, dass sich durchaus unterschiedliche Prämienentwicklungen für 2011 in den einzelnen Versicherungssparten abzeichnen. Aber insgesamt setzt sich der harte Wettbewerb in der Versicherungswirtschaft auch in 2011 fort – so die allgemeine Erwartungshaltung.

1. Privatkunden, Freiberufler, Selbstständige

Die **Kfz-Versicherung** wird für die Privatkunden nach Prämiensteigerungen in 2010 mit sehr großer Wahrscheinlichkeit auch in 2011 zu steigenden Prämien führen. Es wird erwartet, dass die Prämien 2011 in Kfz-Haftpflicht um 3,5 Prozent im Vergleich zum Vorjahr und in Teilkasko und Vollkasko um drei Prozent steigen werden. Die drei Marktführer haben die Prämien im Durchschnitt um sechs Prozent in Haftpflicht, fünf Prozent in Teilkasko und vier Prozent in Vollkasko im Vergleich zum Vorjahr erhöht. Andererseits haben einige Serviceversicherer ihre Prämien um bis zu 20 Prozent gesenkt. Die Prämienunterschiede liegen bei 60 Prozent.

Steigende Schadenquoten in **Hausrat- und Wohngebäudeversicherung** lassen höhere Prämien erwarten. Die Sparkassenversicherung wird ihre Gebäudeprämien zum 1. 1. 2011 um durchschnittlich 18 Prozent anheben. Die **Elementarschadendeckung** sollte seitens der Kunden, aber auch seitens der Vermittler und Versicherer auf der Grundlage der jüngsten Überschwemmungskatastrophen an der Neiße und insgesamt den neuen Bundesländern verstärkt nachgefragt bzw. angeboten werden.

Rechtsschutzversicherungen könnten durch die Vereinbarung von Selbstbehalten und Schadenfreiheitsrabatten günstiger werden. Sowohl die **Privathaftpflicht** als auch die übrigen Haftpflichtsparten tendieren stabil.

Selbstständige und Auszubildende haben nach Umfragen von Forsa und der Gfk Marktforschung gemeinsam, dass sie die Möglichkeiten der staatlich geförderten Altersvorsorge über die Basisrente bzw. Riesterrente kaum nutzen. Lediglich acht Prozent der Azubis sorgen über die Riesterrente vor, 14 Prozent über Entgeltumwandlung.

2. Kleingewerbliche und mittelständische Versicherungsnehmer

In Ergänzung zu den vorstehenden Ausführungen ist hervorzuheben, dass insbesondere bei KMU'S (kleinere und mittelständische Unternehmen) in der **D&O-Versicherung** versucht wird, mit zum Teil deutlich preiswerteren Angeboten Neuvertragsabschlüsse und damit zusätzliche Prämieneinnahmen zu generieren. Dieser Trend wird sich 2011 ebenfalls fortsetzen. Zu erwarten ist, dass sich viele D&O-Versicherer verstärkt auf Angebote für kleine und mittlere Unternehmen konzentrieren werden.

Firmenkunden fragten insgesamt nach Erkenntnissen des Marktforschungsinstituts YouGovPsychonomics AG vermehrt Sachversicherungen sowie Haftpflichtversicherungsprodukte nach. Praktisch unverändert ist die Nachfrage nach Kredit- und Rechtsschutzversicherungen geblieben.

3. Industrielle Versicherungsnehmer

Die Industrieversicherungsprämien sind derzeit stabil auf niedrigem Niveau und werden dies, wenn keine Großschäden eintreten, auch bleiben. So die derzeitige Einschätzung für das Jahr 2011. Der intensive Wettbewerb ist in diesem Segment offenbar stärker als der Druck durch steigende Schadenquoten. Ausnahmen bisher: Kreditversicherung und Haftpflichtversicherungen für Finanzdienstleister. Aufgrund der Schadensituation im Luftfahrtgeschäft dürfte auch das Preisniveau in diesem Segment eher stabil bleiben bis steigen. Aber auch spartenbezogen könnten sich Prämiensteigerungen für Betriebe der Fleischverarbeitung, der Holzbearbeitung und der Recyclingunternehmen ergeben sowie eine deutliche Verknappung der Kapazitäten für internationale Naturgefahrendeckungen wie gegen das Risiko Erdbeben.

In Europa beginnen die Finanzbehörden damit, weltweite internationale Versicherungsprogramme multinationaler Unternehmen auf prämienbezogene Steuern hin zu untersuchen. Hinzu kommt, dass erhöhte Anforderungen an lokale Versicherungsdeckungen gestellt werden. Daher überlegen sich Unternehmen, erhöhte lokale Deckungssummen zu vereinbaren.

Auf die Unternehmen könnten zudem höhere Prozess- und Haftungsrisiken in den USA zukommen, wenn ein Gesetzentwurf zur Produkthaftung ausländischer Hersteller in den USA in Kraft gesetzt werden sollte. Aus Kundensicht wird zudem befürchtet, dass die neuen EU-Eigenkapitalregeln durch Solvency II für die Industrieversicherer das Angebot an Versicherungsschutz für Unternehmen einschränken und verteuern könnten.

4. Versicherer

Die Versicherer profitieren derzeit vom Wirtschaftsaufschwung. Schon die Vergangenheit lehrte, dass bei optimistischer Beurteilung der Marktsituation in der Wirtschaft weniger Versicherungsschäden gemeldet und bereitwilliger höhere Prämien gezahlt wurden. Das spürt insbesondere die Schaden- und Unfallversicherung. Steigende Prämien in der Kfz-Sparte waren oftmals schon die Indikatoren für Gewinnsteigerungen. Andererseits: Die Vielzahl und das Schadenvolumen der Naturkatastrophen in 2010 ist ein stark gegenläufiger Trend zu diesen Erwartungen.

Deflation oder Inflation – die Konsequenzen wären in jedem Falle von höchster Brisanz für die Versicherer. Erwartet man Inflation, dann wird kurzfristig investiert, erwartet man hingegen Deflation, so wird in länger laufende Papiere investiert. Unter einem Inflationsschub würde insbesondere die Schaden- und Unfallversicherung zu leiden haben, denn die Schadenzahlungen können sich über Jahrzehnte erstrecken.

Nachdem in den letzten Jahren wieder neue Versicherer am deutschen Industrie-Versicherungsmarkt aufgetaucht sind, wie z. B. Mapfre, Mitsui Sumitomo, QBE, RSA, Liberty, Catlin, Glacier, sind in 2010 Torus (ehemals Glacier), Aspen und W. R. Berkley mit Niederlassungen in Deutschland in Erscheinung getreten.

Insgesamt profitieren die Versicherer vom Aufschwung der Wirtschaft. Vor allem in der Schaden- und Unfallversicherung sind in 2011 höhere Gewinne zu erwarten. Dies war schon 2003 nach dem Platzen der Internetblase so – und es wird vermutet, dass sich eine solche Entwicklung nach 2010 in 2011 fortsetzen wird.

Allerdings gibt es in anderen Branchen auch den umgekehrten Trend zu beobachten. Einige Versicherer haben dem deutschen Markt den Rücken gekehrt, wie die Lebensversicherer Delta Lloyd Leben, Quantum Leben und der Kfz-Versicherer Ineas, der in Insolvenz ging. Es ist zukünftig vermehrt zu erwarten, dass Übernahmen, Fusionen, Insolvenzen sowie auch der Rückzug aus bestimmten Marktsegmenten oder Nischen zunehmen wird, allein schon aufgrund der Auswirkungen von Solvency II.

Versicherer nutzen auch vermehrt Internetplattformen. Der Trend hin zu Twitter und Facebook scheint sich in den nächsten Jahren zu verstärken. Man nimmt an, dass die Kunden in der Zukunft immer mehr Versicherungen über Telefon und Internet abwickeln werden und dass zukünftig auch komplexere Beratungen über Webdialoge vorbereitet werden. Online-Netzwerke und Social Media würden gerade von amerikanischen Versicherern zunehmend genutzt. Auch dieser Trend wird sich 2011 fortsetzen und weiter verstärken. Die Versicherer streben nach Asien und versuchen durch Zukäufe (Axa, Prudential, Ace) oder Neugründungen (HDI-Gerling) oder Ausbau des schon längerfristigen Engagements (Allianz) an den Wachstumsperspektiven insbesondere in Ostasien zu partizipieren. Die Schwellenländer Asiens werden sich vermutlich besonders dynamisch entwickeln, so die Einschätzung, und ein Marktwachstum von um die 16,8 Prozent jährlich bis 2020 bei einem Gesamtvolumen von rund 2,2 Billionen Euro könnte erreicht werden.

Kfz-Versicherungen und Kfz-Flottenversicherungen sind als defizitär bekannt – fragt sich nur, ob die allseits beschworene geänderte Zeichnungspolitik tatsächlich höhere Preise durchsetzen wird – oder, ob beim drohenden Verlust einer erheblichen Zahl von versicherten Kfz der Marktanteilbewahrung der Vorrang eingeräumt wird.

Eine Befragung von 242 Fach- und Führungskräften der deutschen Versicherungswirtschaft durch das Institut für Versicherungswirtschaft der Universität St. Gallen zeigt, dass die Versicherer zukünftig noch qualitäts- und preisbewusstere Kunden erwarten. Die Wünsche und Erwartungen der Kunden werden von der Anbieterseite zukünftig als anspruchsvoller, qualitätsbewusster, aber gleichzeitig auch preisbewusster eingeschätzt. Rund 75 Prozent der Befragten äußerten sich dementsprechend. Ausführlichere Beratung und besserer Service stehen insbesondere in der Lebensversicherung im Fokus des Interesses bei den Kunden, die dafür allerdings nicht unbedingt bereit wären, höhere Preise zu zahlen. Die Versicherer könnten aufgrund dieser Erwartungshaltung gezwungen sein, eine stärkere Kundensegmentierung zu betreiben und sich noch stärker auf diejenigen Qualitätsmerkmale zu konzentrieren, die für die Kunden besonders von Interesse sind. Rund zwei Drittel der Befragten gehen davon aus, dass gerade beim Thema unkomplizierte, schnelle und unbürokratische Schadenabwicklung gepunktet und die Kundenzufriedenheit entscheidend beeinflusst werden kann.

5. Vermittler

Die Grundstimmung im Vertrieb hat sich im Jahr 2010 nachhaltig verbessert und der Optimismus für 2011 steigt. Der Vertrieb ist nach Ansicht von 7 von 10 Versicherungsmanagern der Schlüssel zum Erfolg – er ist insofern Stimme und Gesicht des Unternehmens nach außen.

Honorar oder Provision – diese Frage wurde im letzten Jahr von Verbraucherschutzseite als auch vom zuständigen Bundesministerium thematisiert und sich auch in 2011 stellen. Es dürfte in Deutschland recht schwer werden, von Privatkunden für geleistete Beratung ein Honorar zu erhalten. Beratungen waren bisher traditionell immer quasi kostenlos (da in dem zu zahlenden Beitrag enthalten). Kostendeckende Honorare werden wahrscheinlich kurzfristig nur im gewerblichen und industriellen Segment des Marktes möglich sein.

Im Honorarsegment der Maklertätigkeiten werden, zumindest bei größeren Unternehmen, also außerhalb der Courtagevereinbarung, immerhin schon 15 Prozent des Umsatzes in der Industrieversicherung durch Honorarberatung generiert.

Das Marktforschungsunternehmen **MSR Consulting** hat bei seiner Kubus-Studie Versicherung 2010 ermittelt, dass der wichtigste Grund für einen Privatkunden, sich für eine bestimmte Versicherung zu entscheiden, die gute Beratung durch den Betreuer ist. 59 Prozent der Kunden hielten dieses Kriterium für ausschlaggebend, gefolgt vom Preis mit 54 Prozent, gutem Service mit 52 Prozent und Vertrauen zum Betreuer mit 51 Prozent. Andere, ansonsten bei anderen Erhebungen präferierte

Kriterien wie das Verhalten im Schadenfall, die schnelle und unbürokratische Schadenabwicklung, gute Erfahrungen mit dem Versicherer, Empfehlungen durch Verwandte und Freunde etc. folgten auf den Plätzen. Die Studie belegt, dass die persönliche Leistung des Vermittlers von entscheidender Bedeutung und ein regelmäßiger und vor allem nicht zu seltener Kontakt zum Kunden entscheidend sein kann.

Die EU-Kommission will eine weitere Harmonisierung der Informationspflichten und mehr Transparenz bei den Vorsorgeprodukten umsetzen. Für die Versicherungswirtschaft und die Vermittler bedeutet dies eine deutliche Verschärfung des Wettbewerbs. Maklerpools, Maklerverbünde, Berufsverbände, Service-Gesellschaften, Haftungsdächer, Assekuradeure – sie alle repräsentieren Geschäftsmodelle, die im heterogenen Vermittlermarkt in der einen oder anderen Weise eine Hilfestellung und Interessenvertretung darstellen können. Es wird sich zeigen müssen, welche dieser höchst unterschiedlichen Möglichkeiten in mittlerer Frist am stärksten nachgefragt werden.

Der Verband Deutscher Versicherungs-Makler e. V. (VDVM) ermittelte insbesondere bei kleineren und mittleren Maklerbetrieben anlässlich seiner 6. VDVM-Mitgliederbefragung eine teilweise als unbefriedigend empfundene Zusammenarbeit mit den Versicherern. Statt von einem Ansprechpartner persönlich betreut zu werden, würden die Makler oftmals in den Warteschleifen von Callcentern landen, wie es auch den Endkunden durchaus ergeht, und müssten sich mit anonymisierter Vertrags- und Schadenbearbeitung plagen. Kritisiert wurde zudem die zu hohe Zahl unzureichend qualifizierter Vermittler bei insgesamt rund 43 000 gewerblich registrierten Maklern (Stand: Juni 2010). Es wurde der obligatorische Sachkundenachweis für alle Einzelpersonen verlangt. Zudem wurde bereits wie zu Beginn des Jahres auf ein nach wie vor restriktives und verschleppendes Schadenregulierungsverhalten von Versicherern hingewiesen. **Steria Mummert Consulting** alarmierte die Branche mit der Erkenntnis, dass die Lebensversicherung als Geschäftsmodell in der Krise stecke und dadurch jede dritte Ausschließlichkeitsagentur, deren Einnahmen in der Vergangenheit zu 30 bis 40 Prozent aus den Provisionszahlungen von Lebensversicherungsvertragsabschlüssen stammte, in ihrer Existenz bedroht sei. Wenn es einer Ausschließlichkeitsagentur nicht gelinge, alternative Zusatzeinnahmen zu generieren, sei jede dritte Agentur existenziell gefährdet. Der weltweit tätige Versicherungsmakler AON versucht sich derzeit eine zusätzliche Ertragsquelle zu erschließen, indem er seine Global Risk Insight Platform (GRIP), die als interne Informationsquelle bisher vor allem den industriellen Versicherungsnehmern zur Verfügung stand, auch Versicherern zur Nutzung andienen will. Dieses Angebot hat eine gewisse Brisanz: Eigentlich soll GRIP den AON-Maklern und ihren Industriekunden den Vorteil des besseren Marktüberblicks verschaffen und nicht der Marktgegenseite.

6. Rückversicherungsmarkt

Nachdem bereits 2009 ein sehr gutes Jahr für die Rückversicherer war – man konnte erhebliche Gewinnzuwächse verbuchen –, war auch 2010 trotz erheblicher Naturkatastrophen durchaus erfreulich. Zudem rechnet man ab 2012 im Zusammenhang mit der Einführung von Solvency II mit einer steigenden Nachfrage nach Rückversicherungsdeckung. Andererseits kommen immer neue Rückversicherer mit frischem Geld und Kapazitäten an den Markt und bringen damit die Preise für Rückversicherungen zusätzlich unter Druck. Noch ist nicht klar, wie sich die Preisgestaltung für Katastrophenversicherungsschutz darstellen wird. Nur ein Großschaden im zweistelligen Milliardenbereich, wie ihn beispielsweise ein Hurrikan auslösen könnte, würde wohl zu einer Trendwende hin zu steigenden Preisen führen können. Teilweise wird davor gewarnt, allzu hohe Erwartungen an eine möglicherweise steigende Nachfrage nach Rückversicherungsschutz aufgrund der neuen EU-Eigenkapitalvorschriften durch Solvency II zu schüren. Ob sich die Erstversicherer tatsächlich Rückversicherung anstelle von Eigenkapital beschaffen werden und in welchem Umfang das geschehen mag, ist kaum zu prognostizieren.

7. Was werden Ratings zukünftig noch wert sein?

Das Rating von Unternehmen ist für Kreditversicherer Tradition. Coface führte schon seit einiger Zeit das @rating durch, das die Basis für die Gewährung von Ausfalldeckung für den Kunden und die Höhe des Versicherungsschutzes darstellt. Bonitätsbewertungen von einzelnen Unternehmen, aber auch von Ländern sind das tägliche Brot eines Kreditversicherers. Man versteht das eigene Angebot als sinnvolle Ergänzung zu den Kreditwürdigkeits- und Bonitätsprüfungen der Sparkassen und Banken. Was liegt dann aufgrund der Erfahrungen der letzten Finanzmarktkrise näher, als sich in den Ratingmarkt aktiv einzubringen? Dabei existiert ein gravierender, wenn nicht entscheidender Unterschied.

Während die internationalen Ratingagenturen für das geleistete Rating vom gerateten Unternehmen hierfür entlohnt werden, muss bei Coface der bestellende Kunde für die Ratings seiner zu ratenden Abnehmerunternehmen zahlen. Die immer wieder bemängelte und auch nicht von der Hand zu weisende Problematik der möglichen Interessenkollision – Verkauf des Ratings an das geratete Unternehmen – entfällt hier. Man darf vermuten, dass aufgrund der Erfahrungen im Zusammenhang mit der Finanzkrise in den letzten Jahren die extreme Gutgläubigkeit und das sich Verlassen auf die »unverbindlichen Meinungsäußerungen in Ratings« zukünftig in dem bisherigen Umfang nicht mehr praktiziert werden wird.

8. Produktinnovationen zu erwarten

Insbesondere bei den Formen der Vermögensschaden-Haftpflichtversicherung ist wie bereits in 2010 mit einer am Kundenbedarf orientierten zunehmenden Kreativität der Produktanbieter zu rechnen. Die in der Vergangenheit insbesondere von Industriekunden immer wieder eingeforderte größere Flexibilität der Versicherer beim Zuschnitt von Versicherungsschutz speziell auf die Bedürfnisse und Wünsche dieser Klientel scheint sich zumindest ansatzweise positiv bemerkbar zu machen. Schenkt man den Ankündigungen der Munich Re Glauben, dann ist insgesamt mit einer erhöhten Innovationsbereitschaft und einer verstärkten Kundenorientierung bei der Bewältigung zukünftiger Versicherungsbedarfe auszugehen: »Die Versicherungswirtschaft übernimmt damit ihre volkswirtschaftliche Rolle. Jetzt ist die Gelegenheit, dass sich die Versicherungswirtschaft beweisen kann.«

So haben bereits einige Versicherer im Nachgang zu den Lieferproblemen aufgrund des Vulkanausbruchs auf Island, den daraus resultierenden Aschewolken und Luftverkehrsblockade Konsequenzen gezogen: Es werden erstmals **Betriebsunterbrechungsversicherungen ohne vorherigen Sachschaden** am Markt angeboten.

Und auch die Schadenereignisse im Golf von Mexiko haben Bewegung gebracht: Die Munich Re kündigte ein neues **Deckungskonzept in Form einer Indeckungnahme jedes einzelnen Ölbohrprojekts** mit Haftungslimits von bis zu 20 Mrd. US $ und gemeinsamer Versicherungsnehmerschaft aller daran beteiligten Unternehmen an.

Im Lebensmittel- und Kosmetikbereich wurden zudem bereits **Imageschaden- und Reputationsrisiken** ansatzweise versicherbar gemacht, wobei jedoch konkrete Handlungsmaßnahmen im Ernstfall verlangt werden. Hier gibt es erhöhten Bedarf zum Ausgleich erheblicher Kostenpositionen und Vermögensschäden. Nach den Vorkommnissen rund um den Computervirus **Stuxnet** ist zu vermuten, dass in 2011 verstärkt die Frage nach der **Versicherbarkeit von IT-Risiken** gestellt werden wird, wobei zu hoffen ist, dass man sich an die Ankündigungen der Munich Re erinnern und nicht reflex-artig nach dem »Ausschluss« im IT-Bereich rufen wird. Vielmehr wird es um die Mehrprämie für die Weiterversicherung des Risikos eines Cyberangriffs gehen – denn digitalisierte Prozesse, computergesteuerte großtechnische Anlagen, Logistik und Versorgungsnetzwerke – alle diese sind weltweit verwundbar.

Außerdem verändern sich fortlaufend die Rahmenbedingungen im Versicherungsbereich, auf die sich die Marktteilnehmer einstellen und die es zukünftig zu berücksichtigen gilt. Im Folgenden lesen Sie über die Entwicklungen mit Auswirkungen auf 2011 und danach.

9. EuGH muss über die Zulässigkeit von UNISEX-Tarifen entscheiden

Den deutschen Versicherungsunternehmen könnte eine grundlegende Änderung ihrer Tarifkonzeptionen insbesondere in der Lebens-, Kranken- und Autoversicherung bevorstehen. Die EuGH-Generalanwältin Juliane Kokott hatte Anfang Oktober 2010 mit ihrer Forderung nach einheitlicher Behandlung von Männern und Frauen in Versicherungsverträgen erhebliches Aufsehen erregt. Grundlage für ihren Vorstoß ist eine europäische Richtlinie, die die Diskriminierung aufgrund des Geschlechts bei der Versorgung mit Gütern und Dienstleistungen verbietet.

Denn durch diese Forderung gerät die Kalkulation der Beiträge nach dem individuellen Risiko des Kunden ins Abseits. Bei der staatlich geförderten Vorsorge in Form der Riester- und Rürup-Rente wird bereits der Unisex-Tarif zugrunde gelegt, also eine Differenzierung nach dem Geschlecht nicht mehr vorgenommen. Eine Ausnahmeregelung bot in anderen Sparten bisher noch die Möglichkeit, unter bestimmten Voraussetzungen geschlechtsspezifische Tarife zu verwenden, insbesondere dann, wenn statistisch gesehen Frauen länger leben und daher für eine gleich hohe Rentenzahlung pro Monat aus einer Rentenversicherung höhere Prämien zahlen müssen als Männer. Sowohl in der privaten Krankenversicherung als auch bei der Berufsunfähigkeitsversicherung zahlen Frauen mehr Prämie für gleichen Versicherungsschutz als Männer, während in der Risikolebensversicherung Frauen deutlich geringere Prämien zahlen, ebenso in der Kfz-Versicherung und Lebensversicherung.

Nach Ansicht der Generalanwältin dürfen Statistiken nicht zur ungleichen Behandlung von Männern und Frauen führen. Unterschiedliche Versicherungsrisiken nur mithilfe von Statistik-Tabellen mit dem Geschlecht in Verbindung zu bringen, reiche nicht aus, wirtschaftliche und soziale Einflüsse spielten dabei ebenso eine Rolle und würden nicht entsprechend berücksichtigt. Auf die Ausnahmeregelung sollen sich die Versicherer nach den Vorstellungen der Generalanwältin nur noch dann berufen können, wenn das Geschlecht ein bestimmender Risikofaktor sei, also eindeutig nachweisbare biologische Unterschiede existieren.

Der GDV kritisierte das Vorhaben:»Ein Verbot geschlechtsbezogener Prämien wäre eine schlechte Nachricht für Verbraucher. Das durchschnittliche Prämienniveau würde insgesamt steigen.« Die Deutsche Aktuarvereinigung legte nach und kommt nach ersten Schätzungen allein in der Lebensversicherung auf Kosten der Umsetzung jenseits der 30 Mrd. Euro.

10. EU bereitet neue Richtlinie zum Schutz der Versicherten vor

In dem Weißbuch »Sicherungssysteme für Versicherungen« der EU-Kommission wurde ermittelt, dass von 30 Ländern nur 12 ein oder mehrere Sicherungssysteme wie Protektor in Deutschland für die Lebensversicherer betreiben, was dazu führte, dass die EU eine Richtlinie für einheitliche Mindeststandards schaffen will. Rund 26 Prozent aller Lebensversicherungen und 56 Prozent aller Nicht-Lebensversicherungen sind ungesichert.

11. Versicherungsaufsicht wird neu geregelt

Mit der Schaffung von drei neuen Behörden versucht die EU Lehren aus der Finanzkrise zu ziehen und dafür zu sorgen, dass kein Finanzprodukt, kein Finanzplatz und auch kein Finanzinstitut unbeaufsichtigt bleibt.

Es wurde seitens des Europäischen Parlaments im September 2010 die Reform der europäischen Finanzaufsicht beschlossen und eine europäische Versicherungsaufsicht namens EIOPA ins Leben gerufen.

Die BaFin (Bundesanstalt für Finanzdienstleistungsaufsicht, Bonn) muss sich die Versicherungs- und Pensionsaufsicht in Deutschland mit dem neuen europäischen Pendant EIOPA teilen, die im Januar 2011 ihre Arbeit aufnimmt. Die tägliche Aufsicht obliegt dabei weiterhin den nationalen Institutionen der Beaufsichtigung, so der BaFin. In besonderen Fällen wie einer Finanzkrise hat aber dann EIOPA das letzte Wort, könnte also in Ausnahmefällen direkt deutsche Versicherer beaufsichtigen. Auch für den Fall, dass eine nationale Behörde gegen europäische Aufsichtsstandards verstößt, entscheidet die EIOPA, die aller Voraussicht nach in Frankfurt ihren Sitz haben wird. Die Börsenaufsicht ESMA wird aller Voraussicht nach in Paris untergebracht, die europäische Bankenaufsicht EBA in London.

12. Bundesregierung hält am Provisionsabgabeverbot fest

Im Rahmen des Jahressteuergesetzes 2010 soll der § 81 Abs. 3 Versicherungsaufsichtsgesetz (VAG), in dem das Provisionsabgabeverbot geregelt ist, neu gefasst werden und die auf dem Verordnungsweg nachfolgenden Detailvorschriften und Durchführungsverordnungen nicht mehr der Zustimmung des Bundesrates bedürfen. § 81 VAG gibt der BaFin schon jetzt das Recht, Versicherungsunternehmen oder Vermittlern zu untersagen, dem Versicherungsnehmer in irgendeiner Form Sondervergütungen zu gewähren. Dazu sind Anordnungen erforderlich.

Vor diesem Hintergrund gab es eine unklare Rechtslage, ob Verordnungen zum VAG ohne Zustimmung des Bundesrates erlassen werden können. Deshalb wird eine Neuregelung geplant, wonach der BaFin eine schnellere Kompetenz zugesprochen wird. Monopolkommission als auch Verbraucherzentrale Bundesverband (VZBV) sehen im Verbot der Provisionsabgabe den wesentlichen Hinderungsgrund dafür, dass im Versicherungsbereich vermehrt Nettotarife angeboten werden. Zudem bestünden europarechtliche Bedenken und es bestehe keine Veranlassung, das ohnehin strittige Provisionsabgabeverbot zukünftig auch noch ohne parlamentarische Kontrollmöglichkeit festzuschreiben.

II. Neue Regulierungen für den Versicherungsvertrieb

Autor: Prof. Dr. Matthias Beenken, Bochum

Der Versicherungsvertrieb hat in den vergangenen Jahren ein bisher unerreichtes Maß an Regulierung über sich ergehen lassen müssen, ganz entgegen dem sonst zumindest bis zur Finanzkrise vorherrschenden Trend der Deregulierung. Dies erfolgte überwiegend nicht freiwillig, sondern auf Grundlage europäischer Richtlinien und von Gerichtsurteilen.

Besonders zu nennen ist die Umsetzung der Richtlinie 2002/92/EG vom 9.12.2002 über Versicherungsvermittlung (**EU-Vermittlerrichtlinie**). Dies erfolgte mit rund zweieinhalb Jahren Verspätung zum 22.5.2007 mit dem Gesetz zur Neuregelung des Versicherungsvermittlerrechts (**Vermittlergesetz**) und der dazugehörenden Versicherungsvermittlungsverordnung. Kernpunkte sind Berufszulassungs- und Berufsausübungspflichten für Versicherungsvermittler, die Ermächtigung der Industrie- und Handelskammern als Erlaubnisbehörden und die Verpflichtung der Versicherungsunternehmen, sich bei der Aufnahme und auch während der laufenden Zusammenarbeit mit Versicherungsvermittlern von deren Eignung zu überzeugen.

1. Gelungene Umsetzung bis auf Vermittlungsaufsicht

Bei aller bürokratischen Belastung haben sich die Vermittlerpflichten größtenteils bewährt. Es ist zumindest deutlich schwerer geworden, als persönlich oder fachlich ungeeignete Person das Vermittlergewerbe aufzunehmen. Kunden haben eine Reihe Rechte, die sie schützen, so werden sie über den Vermittlerstatus informiert und können diesen in einem öffentlichen Register überprüfen. Im **Versicherungsvertragsgesetz** ist nachzulesen, welche **Beratungs- und Dokumentationspflichten** Vermittler zu erfüllen haben, für deren richtige und sachgemäße Erfüllung sie zudem persönlich haften – für Versicherungsvertreter ist das eine ungewohnte Situation.

Was bisher nicht ausreichend geregelt ist, ist eine allgemeine Vermittlungsaufsicht, die vergleichbar der Versicherungsaufsicht grundsätzliche Fragestellungen des Vermittlerrechts verbindlich entscheiden kann. So ist beispielsweise immer noch unklar, ob und unter welchen Voraussetzungen der Handel eine Vermittlererlaubnis braucht, wenn er Versicherungsprodukte anbietet. Auch gegen das systematische Unterlaufen des Vermittlerrechts durch einzelne Vertriebsorganisationen mithilfe der Privilegierung fachlich nicht ausreichend qualifizierter neuer Vermittler durch befreundete Versicherungsunternehmen ist bisher kein koordiniertes Vorgehen der betroffenen Behörden erkennbar.

Die Reform des Versicherungsvertragsrechts hat zusätzliche Erschwernisse für den Versicherungsvertrieb wie die Abschaffung des weit verbreiteten, verwaltungsarmen Vertragsschlussverfahrens Policenmodell und eine Ausweitung der Informationspflichten mit sich gebracht. Hintergrund waren hier vor allem deutsche Verbraucherschutzbestrebungen sowie der Zeitdruck zur Reform des VVG, der in Sachen Reform der Lebensversicherung durch das Bundesverfassungsgericht dem Gesetzgeber auferlegt worden war.

2. IMD-2 in Sicht

Ein Ende der Regulierung ist damit aber keineswegs abzusehen. Vielmehr geht es bereits bald weiter: **Die Vermittlerrichtlinie wird derzeit überarbeitet** (»**IMD-2**«). Aufgrund der späten Umsetzung der »IMD-1« in Deutschland trifft uns das nur scheinbar frühzeitig. Derzeit läuft das Konsultationsverfahren aus, Ende 2011 wird der Entwurf der neuen Richtlinie erwartet.

Ziel ist dabei, die Vermittlerrichtlinie stärker mit der **Finanzmarktrichtlinie MiFID zu harmonisieren.** Das Regelungsniveau soll an die schärferen Vorgaben der MiFID angeglichen werden. Nach den derzeitigen Vorstellungen der EU-Kommission wird der Anwendungsbereich der Richtlinie auf Angestellte von Versicherungsunternehmen und auf Gelegenheitsvermittler ausgeweitet. Kritisch diskutiert werden die verschiedenen, gerade in Deutschland sehr großzügig angewendeten Ausnahmen. Die wichtigste ist die **Privilegierung der »gebundenen Versicherungsvertreter«**, die keine Gewerbeerlaubnis benötigen, wenn ihr Versicherungsunternehmen sie ins Vermittlerregister einträgt und die uneingeschränkte Haftung übernimmt. Das trifft immerhin auf fast sieben von zehn im Vermittlerregister erfassten Vermittlern zu – die Ausnahme ist hierzulande die Regel.

Aufgenommen werden sollen außerdem Vorgaben zur Kostenoffenlegung. In Deutschland gibt es bereits Erfahrung damit, seit infolge der VVG-Reform dem Kunden Abschluss- und Vertriebskosten in der Lebens- und Krankenversicherung mitzuteilen sind. Dies scheint bisher jedenfalls kein wesentliches Vertriebshindernis zu sein, weshalb die deutschen Vermittler den Offenlegungsvorgaben der EU durchaus gelassen entgegensehen können. Dazu kommt, dass die EU-Kommission derzeit nur an eine Offenlegung auf konkretes Nachfragen des Kunden (»soft disclosure«) denkt. Insbesondere aber gibt es deutlichen Widerstand gegen Überlegungen, die **Bezahlung von Versicherungsmaklern durch Versicherer zu verbieten**, wie dies in einigen skandinavischen Ländern der Fall ist. Dass dieser Eingriff in die Vertragsfreiheit in Schweden und in Norwegen durch Kartellabreden der Versicherer und nicht etwa durch Verbraucherschutzgesetze zustande gekommen ist, macht sie für die EU-Kommission eher verdächtig. Nach derzeitigen Aussagen wird es **keine Eingriffe in das Marktgeschehen** geben – ob Makler für Courtage oder für Honorar tätig werden, sollen sie selbst auch anhand der Kundenakzeptanz entscheiden können.

3. Erschwernisse für Fondsprodukte

Etwas anders sieht es allerdings für Versicherungsprodukte aus, die in den Anwendungsbereich einer neuen Richtlinie Packaged Retail Investment Products (»PRIPs«) gelangen. Damit sollen besonders Kleinanlegerprodukte, deren Konstruktion für den Kunden intransparent ist, reguliert werden. Als ein Beispiel wird ausdrücklich die fondsgebundene Lebens- und Rentenversicherung genannt. Hier müssen sich Vermittler künftig auf eine ungefragte Offenlegung (»hard disclosure«) der verschiedenen, eingerechneten Kosten und von möglichen Interessenkonflikten einstellen, die beispielsweise durch Rückvergütungen (»Kickbacks«) der Fondsgesellschaften an die Versicherer entstehen können.

Auch ist damit zu rechnen, dass EU-weit Produktinformationsblätter vorgeschrieben werden. Doch auch das muss den deutschen Versicherungsvertrieb nicht schrecken, denn damit gibt es ebenfalls seit der VVG-Reform gute Praxiserfahrung.

Weniger überschaubar ist dagegen, welche weiter gehenden Verbraucherschutz-Regulierungen aus Berlin kommen können. Hier gibt es erkennbare Bestrebungen, über das Regulierungsniveau der EU hinauszugehen, wie beispielsweise das »**Thesenpapier zur Qualität der Finanzberatung und Qualifikation der Finanzvermittler**« des Bundesministeriums für Ernährung, Landwirtschaft und Verbraucherschutz vom 23.7.2009 zeigt. Zwar scheint unter der derzeitigen Bundesregierung der Handlungsdruck eher bei den Banken und banknahen Vertrieben zu liegen. Aber das ist keine Garantie für die Zukunft, dass nicht unter veränderten politischen Konstellationen wieder an der Regulierungsschraube gedreht wird. Beispielsweise positionieren sich einige der im Bundestag vertretenen Parteien derzeit gegen die gerade beschlossene, gewerberechtliche Regulierung der Vermittler geschlossener Fondsprodukte und für eine Überwachung durch die Bundesanstalt für Finanzdienstleistungsaufsicht (BaFin).

III. Unternehmerische Herausforderungen für den Versicherungsvertrieb

Autor: Prof. Dr. Matthias Beenken, Bochum

Viele kleine Versicherungsvertreter- und -maklerbetriebe weisen oft nur eine geringe strategische Orientierung auf. Grund dafür dürfte unter anderem die oft fehlende betriebswirtschaftliche Ausbildung sein. Auf Basis einer Vermittlerumfrage unter knapp 600 Maklern und Vertretern im Rahmen eines Forschungsprojekts der Universität zu Köln haben sich verschiedene Erfolgsfaktoren herauskristallisiert.

1. Planung des unternehmerischen Erfolgs

Rund vier von zehn Vermittlern betreiben überhaupt keine Planung. Wenn geplant wird, dann am häufigsten Umsatz- und Produktionsziele. Wesentlich seltener wird der für einen Unternehmer viel bedeutendere Gewinn geplant. Dasselbe gilt für die Liquidität, die eine notwendige Grundbedingung zur Fortsetzung der Unternehmertätigkeit darstellt.

Zwischen der Intensität der Planungsaktivitäten und den beiden Erfolgsgrößen Umsatz und Gewinn gibt es einen statistisch positiven Zusammenhang. Vermittler, die mehr planen, sind auch erfolgreicher. Das muss nicht bedeuten, dass die Planung Voraussetzung für den Erfolg ist, aber mindestens gibt es einen offensichtlichen Zusammenhang zwischen unternehmerisch weitsichtigem Verhalten und unternehmerischem Erfolg.

2. Aktiver Umgang mit Wettbewerbsdruck

Der Wettbewerbsdruck, den Versicherungsvermittler empfinden, ist geringer, als man eigentlich angesichts der hohen Zahl an Vermittlern erwarten könnte. Den größten Wettbewerb erleben Vermittler durch Banken.

Der Umgang mit Wettbewerbsdruck ist weitgehend durch Behauptung – also ein Mitschwimmen im Marktgeschehen – und durch Verdrängung unliebsamer Konkurrenten geprägt. Reifere Strategievarianten wie das Ausweichen in Nischen oder die Kooperation mit Konkurrenten sind eher selten, und wenn, dann eher bei Maklern zu finden.

3. Spezialisierung

Nur gut ein Drittel der Vermittler spezialisiert sich auf Zielgruppen. Noch weitaus weniger – unter 16 Prozent – entwickeln eigene Produkte und Deckungskonzepte, was als das deutlichste Anzeichen für eine Fokussierung auf bestimmte Zielgruppen gedeutet werden kann. Die spezialisierten Vermittler sind allerdings erheblich erfolgreicher als der Rest.

4. Markenaufbau

Marken spielen auch im Versicherungsbereich eine große Rolle, um Vertrauen von Kunden zu gewinnen. Die große Mehrheit der Vermittler gibt zwar an, ihre eigene Firma als Marke zu verstehen oder – im Fall der Ausschließlichkeit – die Marke des vertretenen Versicherers als vertrauenserweckend anzusehen. Tatsächlich eingesetzt oder gar in konkrete Leistungsversprechen umgesetzt werden die Marken jedoch deutlich seltener.

5. Klare Verkaufskonzepte

Die Befragung zeigte, dass viele Vermittler zwar einerseits die wohl politisch korrekte Einschätzung teilen, dass der bedarfsorientierte Verkauf eingesetzt wird. Dazu passt jedoch nicht der ebenfalls hohe Anteil an Vermittlern, die auch interessante Produkte zum Anlass nehmen, ihre Kunden anzusprechen. Und weniger als drei von zehn Vermittlern verhandeln eine Ausweitung eines Beratungsanlasses auf eine Bedarfssituation mit ihren Kunden. Das bestätigt auch Ergebnisse verdeckter Testberatungen, dass nach wie vor der eher eindimensionale Produktverkauf dominiert, aber Chancen des bedarfsorientierten Konzeptverkaufs ungenutzt bleiben.

6. Fokussierung auf »preiswerte« Leistungen

Viele Versicherungsvermittler bieten über die eigentliche Kernleistung Beratung und Vermittlung von Versicherungen hinaus eine Vielzahl weiterer Leistungen für ihre Kunden an. Im Durchschnitt sind es 2,5 solcher Leistungen, vom Versicherungsordner bis hin zur Rechtsberatung. Allerdings erfolgt dies zumeist kostenlos. Der Wert der Leistung wird nur von besonders erfolgreichen Vermittlern, die sich zusätzliche Erlösquellen erschließen, bepreist.

7. Marktorientierte Organisation des Betriebs

Erfolgreiche Vermittlerbetriebe halten sich über Markt- und Produktentwicklungen auf dem Laufenden. Sie statten auch ihre Mitarbeiter mit entsprechenden Rundschreiben aus. Zudem arbeiten sie mit Prozessbeschreibungen.

8. Fokussierung auf Kernkompetenzen

Erfolgreiche Vermittler gestalten aktiv ihre Wertschöpfungskette, indem sie ihre Kernleistungen Beratung und Vermittlung um Zusatzleistungen erweitern, sich aber auch von weniger zentralen Aufgaben trennen oder Kooperationen mit Dienstleistern suchen.

9. Moderne Personalführung

Auch wenn Kleinunternehmen unter wirtschaftlichen Aspekten ein geringeres Arsenal an Methoden der Personalauswahl, -führung und -entwicklung zur Verfügung steht als Großunternehmen, unterscheiden sich Vermittlerbetriebe doch erkennbar in ihrem Unternehmenserfolg nach dem Aufwand, den sie mit ihrem Personal betreiben. Dazu gehören beispielsweise Stellenbeschreibungen oder regelmäßige Beurteilungen sowie Teambesprechungen.

10. Unternehmerische Einstellung und Qualifikation

Es gibt keine Patentrezepte für die erfolgreiche Führung eines Unternehmens. Ein stimmiges Gesamtbild ist aber, dass unternehmerisch denkende, langfristiger orientierte und kritisch ihre Tätigkeit reflektierende Vermittler häufiger erfolgreich sind als diejenigen, die im Tagesgeschäft – getrieben von Unternehmens- und Kundenerwartungen – vor sich hin arbeiten. Ein Interesse an einer entsprechenden unternehmerischen Qualifikation gehört dazu.

IV. Bevorstehende Revision der Versicherungsvermittlerrichtlinie

Autor: Peter Edinger, Bielefeld

Europa stellt an uns als Vermittler von Finanzdienstleistungen (oder Berater) immer kompliziertere Anforderungen. Angefangen hatte das mit der Richtlinie über Versicherungsvermittlung, die ja – etwas zögerlich – in deutsches Recht umgesetzt wurde. Die Richtlinie ist nun bereits über sieben Jahre alt und wird nun überprüft und angepasst.

Um die Änderungen einschätzen zu können, muss man zunächst wissen, dass die Richtlinie in Deutschland nicht eins zu eins umgesetzt wurde. Die Voraussetzungen zur Berufsausübung wurden noch vergleichbar gesetzt: Qualifikation, guter Leumund, Vermögensschadenhaftpflichtversicherung und die finanzielle Leistungsfähigkeit. Ebenso ist dies bei der Erstinformation (Statusinformation) für Kunden der Fall.

Die weiteren Bereiche weichen mehr oder weniger ab.

- **Beratungsdokumentation:** Ist in der Richtlinie gar nicht gefordert. Dort ist lediglich genannt, dass »insbesondere anhand der vom Kunden gemachten Angaben zumindest dessen Wünsche und Bedürfnisse sowie die Gründe für jeden diesem zu einem bestimmten Versicherungsprodukt erteilten Rat genau anzugeben« sind. Das ist weit entfernt von unserem aufwendigen Verfahren, bei dem aber der Kunde wiederum auf jede Information verzichten kann – es sei denn, er ist bei einem Versicherungsberater.
- **Beratungsgrundlage:** Die EU fordert, dass der Kunde darüber informiert wird, **ob** man seinen Rat auf eine ausgewogene Untersuchung stützt. Wenn ja, muss man dies einhalten, wenn nein, die Art der Einschränkungen deklarieren. Bei uns muss der Makler Marktüberblick haben (was kleine Makler kaum leisten können) oder – wie auch Vertreter – die Einschränkung erläutern, woraufhin der Kunde wieder verzichten kann. Beim Berater gibt es hingegen keine Möglichkeit der Einschränkung bzw. des Verzichts.
- **Vergütung:** Bisher sagt die Richtlinie dazu nichts. Bei uns dürfen Versicherungsberater keinerlei Provisionen annehmen (auch nicht bei Weitergabe), was die Produktauswahl stark begrenzt. Makler dürfen daneben zusätzlich auch Honorare erheben (aber nur bei gewerblichen Kunden), ohne über erzielte Courtage aufklären zu müssen, und Vertreter dürfen keinerlei Honorar nehmen.

1. Revision der IMD

In der EU werden u. a. wohl folgende Schwerpunkte neu gesetzt:

Anwendungsbereich: Während bisher die Versicherungsunternehmen selbst und ihre Angestellten nicht unter die Richtlinie fielen, überlegt man jetzt, sie mit einzubeziehen. Dass zumindest die Mitarbeiter mit Kundenkontakt einbezogen werden, wäre naheliegend. Ob das in ein einheitliches Register mündet und ob einheitliche Regeln für den Nachweis der Qualifikation durchgesetzt werden, darf mit Spannung verfolgt werden. Auch die Ausnahmeregelungen werden möglicherweise ausgedehnt (z. B. hinsichtlich der nebenberuflichen Vermittlung).

Interessenkonflikte: Die Stellung des Vermittlers / Beraters wurde bisher mit den Informationspflichten in Artikel 12 der Richtlinie geklärt und möglichen Interessenkonflikten mit der Frage nach der Objektivität begegnet. Für die Zukunft möchte die EU die Regelungen an die anderer Finanzdienstleistungen angleichen. Leitgedanken sind hierbei die anlegergerechte und anlagegerechte Beratung einschließlich Dokumentation, Transparenz durch Aufdeckung von Kosten und Provisionen und die Offenlegung und Vermeidung von Interessenkollisionen.

2. Ausblick

Mit dem **Anlegerschutzgesetz** soll der »graue Kapitalmarkt« (geschlossene Fonds) als Finanzinstrument deklariert und damit unter die Aufsicht der BaFin gestellt werden. Ob das dazu führt, dass die Vermittlung von Beteiligungsanlagen nur noch für Finanzdienstleistungsinstitute (unter Aufsicht) möglich ist, oder ob eine Ausnahmeregelung analog zu offenen Fonds kommt, ist derzeit noch offen.

Auch im Interesse der Verbraucher sollten die vielen Hürden abgebaut werden, die gerade kleine Makler, Vertreter oder Honorar- bzw. Versicherungsberater besonders behindern. Es sollte eine einheitliche Zulassung für eine europaweite Tätigkeit für qualifizierte Profis ohne bürokratischen Ballast möglich sein.

V. Honorarberatung in Bewegung

Autor: Peter Edinger, Bielefeld

Das Thema Honorarberatung ist kaum noch wegzudenken und zahlreiche Veröffentlichungen oder Veranstaltungen befassen sich in der einen oder anderen Form damit. Einerseits als Heilsbringer fehlberatener Verbraucher gefeiert, wird sie auf der anderen Seite vom Kunden kaum goutiert. Auch Umfragen unter Verbrauchern geben keine klare Einschätzung zur weiteren Akzeptanz der direkt entlohnten Beratungsdienstleistung. Während die eine Untersuchung von »Skepsis gegenüber der Honorarberatung« spricht, nennt eine andere eine »Bereitschaft zur Honorierung bei 70 oder gar 90 Prozent der Befragten«.

Schaut man genauer nach, stößt man schnell auf die Tatsache, dass völlig unterschiedliche Auffassungen über den Begriff Honorarberatung beziehungsweise diese Tätigkeit bestehen. Eine gesetzliche oder sonstige normative Definition sucht man vergebens. In den bereits vorhandenen Regelwerken sind die Grundlagen in diversen einzelnen Normen verstreut und auch völlig uneinheitlich. Die derzeit in Diskussion stehenden oder demnächst zu erwartenden Gesetzesänderungen lassen hier auch noch kein Werk »aus einem Guss« erkennen. Vor diesem Hintergrund sind auch die Ergebnisse der Studien differenzierter zu betrachten.

1. Unklare Akzeptanz bei Verbrauchern

Eine Eintrittsbarriere in die Honorarberatung sehen viele der befragten Profis neben der mangelnden Akzeptanz (von 74 Prozent angegeben) auch in dem zu erwartenden Ertragsrückgang (45 Prozent der Befragten).

AssCompact kam im Vorjahr unter unabhängigen Vermittlern bei ähnlicher Fragestellung auf unter 70 und knapp 15 Prozent.

Eine Studie von AXA Investment Managers spricht davon, dass 54 Prozent der Befragten die Honorarberatung bevorzugen – allerdings nur gegenüber den klassischen Fondsgebühren bevorzugen. Damit ist die Entscheidung zur Anschaffung bereits impliziert und nur die Art (und vielleicht die Höhe) ist offen.

In einer Untersuchung der MyPrivateBanking aus der Schweiz antworteten 35 Prozent der befragten vermögenden Privatkunden mit »ja« auf die Frage, ob sie sich vorstellen können, Honorarberatung in Anspruch zu nehmen, mit »vielleicht« noch 45 Prozent – vorausgesetzt war in der Frage, dass die Bank auf alle Provisionen verzichtet.

Die Studie des IMWF Institut für Management- und Wirtschaftsforschung stellt eine ablehnende Haltung bei der deutschen Bevölkerung fest, da 85 Prozent gar nicht bereit sind, für eine Beratungsleistung zu zahlen.

2. Geringere Zahlungsbereitschaft der Kunden

Drei Viertel der Befragten bei AXA IM würden nur 100 Euro pro Stunde für die Beratung zahlen wollen. Ähnliche Erkenntnisse beim IMWF, wo jeder Zweite nur so viel investieren will. Höhere Anteile erreichen die von der Unternehmensberatung MC4MS befragten Kunden von Finanzdienstleistungsinstituten und -Vertrieben, die durchschnittlich über 62 Euro pro Stunde entrichten würden. Von den vermögenden Privatkunden, die ein Honorar vorstellbar finden, wollen lt. MyPrivateBanking 60 Prozent höchstens 500 Euro im Jahr, 25 Prozent sogar nur 200 Euro ausgeben.

Die vom PFI Private Finance Institute der European Business School befragten Finanzdienstleister schätzen die Bereitschaft zur Zahlung von Honorar mehrheitlich auf weniger als 100 Euro pro Stunde und landen damit noch ein erhebliches Stückchen von den Selbsteinschätzungen der Kunden entfernt.

3. Geringe Verbreitung der Honorarberatung

Das PFI Private Finance Institute der European Business School ermittelte bei 44 Prozent der befragten Finanzdienstleister ein fallweises Angebot von Honorardienstleistungen, aber nur knapp vier Prozent boten reine Honorarberatung an. Gemessen am »Vermögen unter Verwaltung« fand MyPrivateBanking nur einen Marktanteil von einem Prozent.

4. Aussichten für Honorarberater

Mit zunehmender Höhe des Vermögens oder – allgemein gesprochen – des Beratungsgegenstands wächst die Bereitschaft, Honorare zu zahlen. Meistens sind daran allerdings schon weitere Bedingungen geknüpft, etwa dass Provisionen entfallen oder allgemeine Kosten sinken. Im Ergebnis dürften die meisten Kunden damit einen finanziellen Vorteil erwarten. Ein direkter Mehrerlös durch Honorare anstelle von Provisionen scheint damit nicht erzielbar zu sein, ebenso wenig wird dadurch eine große Wertschätzung der selbstständigen Dienstleistung Beratung erkennbar.

Die Höhe des Honorars, das die Kunden heute mehrheitlich bezahlen würden, liegt deutlich unter den üblichen Provisionen und anderen gängigen Vergütungen, wie etwa Depotverwaltungsgebühren.

Andererseits steigt die Beachtung der Honorarberatung und damit tendenziell ihre Akzeptanz durch die permanente Diskussion dieser Dienstleistung (auch im politischen Umfeld) weiter an. Die derzeit von einigen Online-Brokern und -Banken laufenden Beratungsangebote sorgen ebenfalls für einen höheren Bekanntheitsgrad. Dennoch wird die Honorarberatung wohl kaum dominieren und damit nur für einen kleineren Anteil der Kunden infrage kommen. In den USA sollen die unabhängigen Honorarberater ca. 15 Prozent, in Großbritannien ungefähr zehn Prozent der Berater ausmachen.

5. Die Beratung als selbstständige Dienstleistung

Bei der Vermittlung steht immer die Deckung des vorhandenen oder aufgedeckten Bedarfs im Vordergrund. Der Kunde kauft, wenn ihm das Preis-Leistungs-Verhältnis des Angebots gefällt. Dabei ist der Beratende zwar nicht unwichtig, aber die Beratung selbst wird nicht finanziell bewertet, sie geht eher im Angebot und seinen Kosten unter. Da die Beratung als Dienstleistung nun aber ein eigenes Preis-Leistungs-Verhältnis erhält, gerät sie auch stärker in den Blick der Kunden und wird damit auch kritischer bewertet. Dies bestätigt ein Ergebnis in der Untersuchung von MyPrivateBanking: Die Privatpersonen, die Erfahrung mit der Honorarberatung haben, sind zu 60 Prozent zufrieden oder sehr zufrieden damit – die Bewertung lag im Mittel bei 3,45 auf einer Skala von eins (ganz und gar nicht zufrieden) bis fünf (sehr zufrieden). Im Kontrast dazu waren bei der herkömmlichen Vermögensverwaltung knappe 80 Prozent (+20 Prozent) mindestens zufrieden – mit einem Mittelwert von 4,0 (+0,5 Punkte).

6. Ausblick

Da bisher nur ein sehr kleiner Teil der Berater die reine Honorarberatung anbietet, ist durchaus noch viel Entwicklungspotenzial vorhanden. Der Preis für die Vertrauensstellung eines Beraters wird aber wohl eine erhöhte Transparenz bei der Gesamtentlohnung sein – dies wird von der Rechtsprechung bereits heute so gesehen: Wenn beraten wird, muss Provision aufgedeckt werden. Dies ist zum einen fair und zum anderen durchaus vorteilhafter für Kunden und unabhängige Berater als ein Provisionsannahmeverbot, das den Markt auf Nettoprodukte einengt. Mehr zu verdienen sollte nach den aktuellen Erkenntnissen jedenfalls nicht das Hauptmotiv sein.

VI. Der Haftpflichtversicherungsmarkt

Autor: Gerd Kolbe, Köln

Die Haftpflichtversicherung ist die Versicherungssparte, in der sich in den letzten Jahren die meisten Entwicklungen vollzogen haben. Das verwundert nicht, weil die Haftpflichtversicherung immer dann besonders gefragt ist, wenn es um neuartige Verantwortungsrisiken oder die Verschärfung bestehender Haftungsregelungen geht.

1. Industriehaftpflichtversicherung

Eine risikogerecht ausgestaltete Betriebshaftpflichtversicherung ist für jedes Unternehmen wichtig. Das allgemeine wirtschaftliche, gesellschaftliche und rechtliche Umfeld erfordert eine stetige Überwachung und ggf. Neujustierung des Deckungszuschnitts.

Der Versicherungsmarkt für Industriehaftpflichtversicherungen zeichnet sich seit geraumer Zeit durch ein **anhaltend stabiles Prämienniveau** aus. Unter der Voraussetzung, dass Großschäden den Markt verschonen, dürfte diese Situation auch im Jahre 2011 grundsätzlich andauern.

Die Reichweite des Versicherungsschutzes im Rahmen einer Betriebshaftpflichtversicherung wird maßgeblich durch die **»Betriebsbeschreibung«**, die üblicherweise im Versicherungsschein oder in den geschriebenen Versicherungsbedingungen aufgeführt ist, mitbestimmt. Es ist wichtig, dass diese Beschreibung den **Betriebscharakter bzw. den Tätigkeitsbereich des Unternehmens hinreichend erfasst**. Häufig hinken aus der Vergangenheit herrührende Beschreibungen des Betriebscharakters den aktuellen Risikoverhältnissen hinterher. Das kann z. B. auch der Fall sein, wenn ein Handwerksunternehmen neuerdings diverse Tätigkeiten im Zusammenhang mit der Errichtung von Solaranlagen zur Stromerzeugung aufnimmt. Die beteiligten Betriebe, Vermittler und Versicherer werden künftig noch mehr auf eine Feinabstimmung der Tätigkeitsbeschreibungen der versicherten Unternehmen achten müssen.

2. Produkthaftpflicht

Angesichts steigender Anforderungen an die Sicherheit von Produkten gewinnt die Absicherung von Haftungsansprüchen wegen Schäden durch fehlerhafte Produkte weiter an Bedeutung.

Insbesondere Zulieferer (z. B. Hersteller von Komponenten für Fahrzeuge, Medizinprodukte oder Elektronikgeräte) müssen sicherstellen, dass auch Vermögensschäden, die Dritte durch fehlerhafte Produkte erleiden, so weit wie möglich versichert sind. Das gilt z. B. für Aus- und Einbaukosten, aber auch für Prüf- und Sortierkosten. Zunehmend verlangen die Abnehmerbetriebe von ihren Zulieferern den

Nachweis entsprechender Deckungserweiterungen in der Betriebs- und Produkthaftpflichtversicherung. Ein verstärktes Augenmerk werden viele Unternehmen auch auf eine Absicherung von Produktrückrufkosten legen müssen. Selbst wenn sich die Zahl der Kfz-Rückrufe in den letzten Jahren nicht erhöht hat, sind Zulieferer auch künftig einem hohen Haftungs- bzw. Regressrisiko ausgesetzt.

3. Auslandsaktivitäten, Steuerrecht und internationale Programme

Mittelständische Unternehmen gründen zunehmend im außereuropäischen Ausland Vertriebstöchter und Produktionsstätten. Da viele ausländische Versicherungsmärkte ihnen keinen dem Versicherungsschutz des Mutterunternehmens in Deutschland vergleichbaren Versicherungsschutz bieten, haben die Versicherer Möglichkeiten geschaffen, um die Deckungsunterschiede durch sogenannte DIC-(Difference in Condition) und DIL-(Difference in Limits)-Deckungen über internationale Versicherungsprogramme aus Deutschland heraus auszugleichen.

Darüber hinaus ist es wichtig, dass die Unternehmen die bestehenden Zulassungs- und Steuervorschriften der einzelnen Länder beachten. Verschiedene Länder (z. B. Brasilien, China oder Indien) reagieren besonders sensibel auf Verstöße, um den Aufbau einer eigenen Versicherungsindustrie zu unterstützen und um das eigene Steueraufkommen zu fördern.

Vor diesem Hintergrund werden die Unternehmen künftig noch mehr darauf zu achten haben, dass ihre internationalen Versicherungsprogramme insbesondere auch die jeweiligen aufsichtsrechtlichen und steuerlichen Vorgaben erfüllen (Stichwort: Compliance).

4. Mediationsverfahren

Die Haftpflichtversicherer haben damit begonnen, sich mit den Möglichkeiten von Mediationsverfahren auseinanderzusetzen (vgl. hierzu auch den Beitrag zur Rechtsschutzversicherung). Es ist zu erwarten, dass dies demnächst noch intensiviert wird. Denn auch für die Haftpflichtversicherung gilt grundsätzlich, dass **Mediationsverfahren zu einer nachhaltigen Streitschlichtung führen** und kostspieligere Rechtsstreitigkeiten vermeiden können.

Im Hinblick auf die Besonderheiten der Haftpflichtversicherung (Prüfung der Haftungsfrage durch den Versicherer, Abwehr unberechtigter Schadenersatzansprüche und Freistellung des Versicherungsnehmers von berechtigten Forderungen) war man bisher eher der Auffassung, dass sich Mediationsverfahren bei Haftpflichtstreitigkeiten nur begrenzt eignen. Mehr Erfahrungen dürften aber dazu führen, dass diese Verfahren auch durch die Haftpflichtversicherer künftig mehr genutzt werden.

Angesichts der Abschaffung des Anerkenntnis- und Befriedigungsverbots können Versicherungsnehmer künftig grundsätzlich auch ohne Mitwirkung des Haftpflichtversicherers wirksame Mediationsvereinbarungen abschließen. Es empfiehlt sich dann eine Abstimmung mit dem Haftpflichtversicherer, um Einvernehmen über die tatsächliche Haftung des Versicherungsnehmers und die bedingungsmäßige Leistungspflicht des Versicherers zu erzielen.

5. Umwelthaftpflichtversicherung

Die Umwelthaftpflichtversicherung deckt die gesetzliche Haftpflicht der versicherten Unternehmen wegen Drittschäden (Personen-, Sach- und bestimmte reine Vermögensschäden) durch Umwelteinwirkung (auf Boden, Luft oder Wasser) ab.

Neue Betätigungsfelder tun sich für die Haftpflichtversicherer im Bereich der erneuerbaren Energien (z. B. Off-Shore-Anlagen) auf. Ausreichender Versicherungsschutz wird z. B. auch für die Betreiber von Biogasanlagen künftig noch mehr an Bedeutung gewinnen. Biogasanlagen sind mittlerweile ein wichtiger Baustein aus dem Bereich der erneuerbaren Energien. Aus Gülle oder Festmist sowie aus nachwachsenden Rohstoffen wie etwa Mais entsteht eine Mischung aus Methan, Kohlendioxid und Sauerstoff etc. Da die Mischung verschiedener Gase als explosiv eingestuft werden kann, haben sich Versicherer häufig gescheut, ausreichenden Haftpflichtversicherungsschutz zu bieten.

Definitionsgemäß sind Drittschäden durch Brand oder Explosion in der Regel dem Deckungsbereich der Betriebshaftpflichtversicherung entzogen und der Umwelthaftpflichtversicherung zugewiesen.

Auch unter dem Aspekt, dass erneuerbare Energien die Energieversorgung von Morgen maßgeblich mitbestimmen werden, ist es sinnvoll und wichtig, dass sich die Versicherer frühzeitig mit den spezifischen Anforderungen dieses Sektors befassen und sich mit der Entwicklung von Speziallösungen Geschäftsbereiche für die Zukunft sichern.

Im Hinblick auf mögliche Beeinträchtigungen »der Umwelt« (Schäden an der Biodiversität) ist in diesem Zusammenhang auch die Umweltschadensversicherung angesprochen.

6. Umweltschadensversicherung

Die Sensibilität für Fragen des Klimawandels, der Artenvielfalt und des Boden- und Gewässerschutzes dürfte weiter wachsen, was z. B. die Erklärung des Jahres 2010 als »UNO-Jahr der Biodiversität« aktuell zum Ausdruck bringt.

Künftige Entwicklungen werden auch die Antwort auf die Frage beeinflussen, ob eine Umweltschadensversicherung (USV) lediglich in der Form einer USV-Grunddeckung (Umweltschäden im Sinne des Umweltschadensgesetzes außerhalb der Betriebsgrundstücke) in der Regel ausreicht oder ob die Unternehmen eine umfangreicher ausgeformte USV, d. h. unter Einschluss von Schäden auf und an eigenen Grundstücken, im Rahmen von Zusatzbausteinen abschließen sollten.

Besteht nach individueller Prüfung eine relevante Risikoexponierung und werden ergänzend die allgemeinen Erfahrungen mit der Bodenkaskoversicherung und mit der früheren Gewässerschadenhaftpflichtversicherung herangezogen, dann könnte die Vorsorge für die Folgen von Schäden an und auf Betriebsgrundstücken durch geeigneten Versicherungsschutz auf größeres Interesse stoßen.

Es deutet sich an, dass bei der Ausgestaltung der Versicherungsbedingungen zunehmend Verhandlungsspielraum entsteht und dass Versicherer darauf hinarbeiten, die Umweltschadensversicherung der Umwelthaftpflichtversicherung anzugleichen (z. B. Wegfall des Betriebsstörungserfordernisses in der USV).

7. D&O-Versicherung

Im Zuge der Geschehnisse an den Kapitalmärkten und angesichts zugespitzter Haftungsdiskussionen werden Vorstände, Geschäftsführer und Aufsichtsräte seitens des Gesetzgebers mit immer engmaschigeren Regelwerken bedacht, die ihre Verantwortlichkeiten unterstreichen.

Spiegelbildlich herrscht in der D&O-Versicherung ein lebendiges Marktgeschehen mit vielen Anbietern und zahlreichen Angebotsvarianten. In kaum einer anderen Versicherungssparte registriert man eine solche **Vielfalt an Bedingungswerken** wie in der D&O-Versicherung. Das gilt sowohl für die D&O-Unternehmenspolice als auch für die D&O-Selbstbehalts-Police, die Vorstandsmitglieder von Aktiengesellschaften zur Deckung der ihnen in § 93 Absatz 1 Satz 3 Aktiengesetz auferlegten Selbstbeteiligung abschließen können.

Die vorhandene Bedingungsvielfalt in D&O-Versicherungspolicen reicht von sehr umfassend ausgestalteten Bedingungskonzepten bis hin zu solchen, die lediglich eine Mindestausstattung aufweisen.

Zu erwarten ist, dass sich viele D&O-Versicherer verstärkt auf Angebote für kleine und mittlere Unternehmen konzentrieren werden. Dabei wird sich die Qualität von Deckungskonzepten nicht mehr nur an der möglichst geringen Anzahl von Deckungsausschlüssen sowie an der Gestaltung der Rückwärtsdeckung und der Nachmeldefrist, sondern auch an begleitenden Regelungen (z. B. Mitversicherung von Reputationsschäden, Zurechnungsklausel, Anfechtungsverzicht etc.) messen lassen müssen.

Es kann davon ausgegangen werden, dass sich auch die Gerichte zunehmend mit Bestimmungen der D&O-Versicherung befassen müssen. Wie bisher ergangene Urteile zeigen, geht es oftmals auch um grundsätzliche Fragen der D&O-Versicherung, die u. a. aus der Komplexität dieser Deckung (»Dreiecksbeziehung« Versicherer, Versicherungsnehmer und versicherte Personen«) resultieren. So ging es z. B. um die Einordnung des in der D&O-Versicherung geltenden Claims-made-Prinzips (OLG München, Urteil vom 8.5.2009 – 25 U 5136/08) und um die Frage des Direktanspruchs in der D&O-Versicherung (OLG Köln, Urteil vom 2.9.2008 – 9 U 151/07). Viele der Fragestellungen sind noch nicht abschließend ausdiskutiert und bieten Spielraum für gerichtliche Klärung.

Schließlich könnten Versicherer verstärkt mit Angeboten zur Abrundung des Versicherungsschutzes auftreten, wonach z. B. auch Risiken aus der Inanspruchnahme nach dem Allgemeinen Gleichbehandlungsgesetz (AGG) berücksichtigt werden.

8. Berufshaftpflichtversicherung

Neue Berufsgruppen und neue Berufsbilder bedeuten meistens auch neue Haftungsfelder für die Betroffenen. Das Haftungsrisiko liegt insbesondere bei der Verursachung von Vermögensschäden von Vertragspartnern durch fehlerhaft ausgeführte Dienstleistungen.

Ein Beispiel für eine neue Berufshaftpflichtversicherung ist die **Vermögensschadenhaftpflichtversicherung für Insolvenzverwalter**: Denn die Regelungen der Insolvenzordnung haben gegenüber der früheren Gesetzeslage zu einer Aufgabenverlagerung und Aufgabenerweiterung und damit gleichzeitig zu einer Haftungsverschärfung für Insolvenzverwalter (§§ 60 f Insolvenzordnung) geführt.

Für Rechtsanwälte ist die Tätigkeit als Insolvenzverwalter im Rahmen ihrer bestehenden Vermögensschadenhaftpflichtversicherung auf der Basis der Anwaltsbedingungen AVB-WSR mitversichert. Diese Bedingungen werden indes einer umfassenden Absicherung der Insolvenzverwaltertätigkeit nicht gerecht.

Deshalb haben einige Versicherer Bedingungen entwickelt, die z. B. in den folgenden Bereichen weiter gehenden Versicherungsschutz bieten: Fortführung des Schuldnerunternehmens, kaufmännische und kalkulatorische Tätigkeit im Insolvenzverfahren, Auszahlung der Insolvenzquote, nicht ordnungsgemäße Behandlung von Versicherungsverträgen und Insolvenzgeldvorfinanzierung.

Ein weiteres Beispiel ist die **Vermögensschadenhaftpflichtversicherung für Mediatoren**, da Mediatoren außerhalb der Anwaltschaft nicht immer über einen Versicherungsschutz gegen von ihnen verursachte Vermögensschäden verfügen. Die von einigen Versicherern angebotene Vermögensschadenhaftpflichtversicherung für Mediatoren richtet sich an Berufsgruppen, in denen dieses neue Berufsbild zunehmend vertreten ist, wie z. B. bei Unternehmens- und Personalberatern, Psychologen, Pädagogen sowie Lehrern. Für Mediatoren außerhalb der Anwaltschaft ist eine Vermögensschadenhaftpflichtversicherung wichtig, um keinen Nachteil gegenüber pflichtversicherten Rechtsanwälten zu haben.

Der Markt für neue Produkte aus dem Bereich der offenen Vermögensschadendeckungen dürfte sich kontinuierlich ausweiten.

9. Privathaftpflichtversicherung

Die Privathaftpflichtversicherung hat sich in den letzten Jahren vor allem dadurch ausgezeichnet, dass viele Versicherer diverse Deckungserweiterungen zugestanden haben, die den Kunden über einen Grunddeckungsschutz hinaus für bestimmte Situationen einen zusätzlichen Versicherungsschutz gewähren. Das betrifft z. B. die sogenannte Forderungsausfalldeckung oder die Berücksichtigung einer Eintrittspflicht bei deliktsunfähigen Kindern des Versicherungsnehmers.

Weil sich die Lebensverhältnisse der Kunden zunehmend variationsreicher darstellen, sei es bei der familiären Situation (Familie mit oder ohne Kind, Single, Senior) oder bei der Ausübung von Sportarten, ist auch die Privathaftpflichtversicherung variantenreicher geworden. Die Versicherer bieten häufig **wahlweise drei oder vier Deckungsvarianten** mit mehr oder weniger ausgeprägten Erweiterungen für bestimmte Lebenssituationen an. Zugleich steigt damit auch der Beratungsbedarf und die Beratungsnotwendigkeit.

Weitere Ergänzungen könnten künftig z. B. bei der Mitversicherung ehrenamtlicher Tätigkeiten, beim Einschluss des Verlustes von überlassenen Dienstschlüsseln sowie bei der Berücksichtigung spezifischer Haftungsrisiken aus dem Bereich der erneuerbaren Energien (z. B. Photovoltaikanlagen) gefragt sein.

VII. Der Rechtsschutz- und Kfz-Versicherungsmarkt im Jahr 2011

Autor: Gerd Kolbe, Köln

1. Rechtsschutzversicherung

Die Rechtsschutzversicherung hat in erster Linie die Aufgabe, anfallende Anwalts- und Gerichtskosten zu erstatten, die dem Versicherungsnehmer auferlegt worden sind, sei es z. B. in einer Streitigkeit auf dem Gebiet des Mietrechts, des Verkehrsrechts oder – was in wirtschaftlich schwierigen Zeiten für erhöhte Nachfrage bei den Rechtsschutzversicherern sorgt – des Arbeitsrechts.

Der Gesamtverband der Deutschen Versicherungswirtschaft e. V. (GDV) hat im Juli 2010 neue »Allgemeine Bedingungen für die Rechtsschutzversicherung« (ARB 2010) veröffentlicht und den ihm angeschlossenen Versicherungsunternehmen unverbindlich zur Verwendung empfohlen. Diese Bedingungen werden sukzessive im Neu- und Bestandsgeschäft eingesetzt werden. Sie enthalten u. a. eine Neuregelung der Obliegenheiten des Versicherungsnehmers zur Kostenminderung. Im neuen § 17 heißt es unter Rückgriff auf § 82 Versicherungsvertragsgesetz (VVG), dass der Versicherte die Kosten seines Rechtsstreits so gering wie möglich zu halten hat. Um den Versicherten die Neuregelung so verständlich wie möglich zu machen, werden in § 17 konkrete Beispiele genannt. So heißt es beispielsweise, dass ein Versicherter von mehreren möglichen Vorgehensweisen die kostengünstigste zu wählen hat, dass er also nicht zwei oder noch mehr Prozesse vor Gericht führen soll, wenn das Ziel auch mit einem einzigen Prozess erreicht werden könnte. Ein Versicherter soll zunächst bei seinem Rechtsschutzversicherer nachfragen, welche Kosten im konkreten Fall erstattungsfähig sind. Damit können Missverständnisse von vornherein vermieden werden. Schließlich bietet der GDV den Mitgliedsunternehmen, die eine Beitragsbefreiung in der Rechtsschutzversicherung einführen wollen, in § 9 a eine entsprechende Musterklausel an. Es ist zu vermuten, dass mehrere Rechtsschutzversicherer von dieser Möglichkeit Gebrauch machen werden.

Eine neue Qualität der Streitschlichtung soll nach Vorstellungen des Gesetzgebers von der außergerichtlichen **Mediation** ausgehen. Spätestens bis Mai 2011 ist die entsprechende EU-Richtlinie zur Mediation in deutsches Recht umzusetzen. Ziel dabei ist vor allem, die Prozessflut einzudämmen.

Die Rechtsschutzversicherung dürfte in erster Linie betroffen sein, soweit es um die Schlichtung familien-, nachbar- und mietrechtlicher Streitigkeiten geht. Im Rahmen eines Mediationsverfahrens soll eigenverantwortlich ein Konsens zwischen den Gegnern gefunden und Streit beigelegt werden. Die Mediation ist also eine außergerichtliche Form der Konfliktbewältigung. Im Unterschied zu einem Gerichtsverfahren bestimmen die Parteien selbst über ihre Möglichkeiten und die Ergebnisse. Die in der Mediation angewandten Verfahren, Methoden und Techniken sind Gesprächs- und Verhandlungshilfen für die Parteien.

Der GDV hat in einem Anhang zu seinen Musterbedingungen zu den ARB 2010 (§ 5a) eine unverbindliche Musterklausel erarbeitet, die den Einsatz und den Leistungsumfang sowie die Kostenübernahme bei einer Mediation definiert und die Anforderungen an die Mediatoren festlegt, ohne sie auf eine bestimmte Berufsgruppe einzugrenzen. Mindestens ein Dutzend Rechtsschutzversicherer haben die Klausel bereits in ihre ARB übernommen, weitere dürften spätestens dann folgen, wenn sie die ARB 2010 umsetzen. Mehrere Versicherer beabsichtigen, mit einem **Mediatorenpool** zusammenzuarbeiten, der als Dienstleister fungiert und das Verfahren durchführt, andere bilden selber Mediatoren aus und schulen eigene Mitarbeiter entsprechend.

Die Erwartungen vieler Rechtsschutzversicherungskunden gehen nach Ergebnissen von Marktforschungsstudien zunehmend dahin, dass ihr Rechtsschutzversicherer nicht als reiner Finanzierer von Rechtsstreitigkeiten auftritt, sondern dass er ihnen **zusätzliche Service-Leistungen** bieten kann. Dazu zählt z. B. der Zugang zur telefonischen Beratung über allgemeine Rechtsfragen und die Empfehlung von Fachanwälten. Viele Rechtsschutzversicherer unterstützen ihre Kunden bereits mit derartigen Leistungen, bevor ein Streit vor Gericht landet. Der Versicherungsmarkt dürfte das hier noch bestehende Ausbaupotenzial – z. B. bei der Online-Rechtsberatung – in nächster Zeit nutzen.

Einige Versicherer bieten Beitragsvergünstigungen und niedrigere Selbstbeteiligungen für den Fall an, dass Kunden einen Rechtsanwalt aus dem Netzwerk des Versicherers für die Rechtsschutzstreitigkeit einschalten. Auch dieser Trend dürfte sich ihn Zukunft fortsetzen. Private deutsche Krankenversicherer bieten ihren voll versicherten Kunden vereinzelt einen Patienten-Rechtsschutz bei Auseinandersetzungen mit ihren Ärzten bzw. mit deren Berufshaftpflichtversicherungen. Ein anderer Bereich, in dem sich ein Spielraum für einen weiter gehenden substanziellen Rechtsschutz eröffnen dürfte, ist der Firmen-Vertragsrechtsschutz, der für bestimmte Branchen (z. B. Bau-Nebengewerbe) installiert bzw. ausgebaut werden kann.

2. Strafrechtsschutz

Das Risiko von verantwortlichen Mitarbeitern in Unternehmen, in strafrechtliche Ermittlungsverfahren und Gerichtsprozesse verwickelt zu werden, ist anhaltend hoch. Infolge erhöhter Sensibilität der Öffentlichkeit und schärferer Gesetze und angesichts der Tatsache, dass geschulteres Personal bei den zuständigen Behörden eingesetzt wird, dürften Unternehmen auch künftig nicht selten im Focus strafrechtlicher Ermittlungsverfahren stehen. Typische Vorwürfe sind Verstöße gegen Umweltauflagen oder das Außenwirtschafts- und Wettbewerbsrecht, Steuerhinterziehung, Korruptionsdelikte oder Insolvenzverschleppung. Hinreichende Verdachtsmomente können zur Einleitung eines Ermittlungsverfahrens führen. Anwaltskosten, Gutachterkosten etc. fallen den Betroffenen dann zur Last.

Parallel zu dieser Entwicklung zeigt sich, dass die Nachfrage in den Unternehmen nach speziell auf strafrechtliche Risiken der Mitarbeiter zugeschnittene Strafrechtsschutzversicherungen kontinuierlich steigt. Diese Policen gehen im Deckungsumfang deutlich über eine klassische Rechtsschutzversicherung hinaus. So schließen sie auch Vorsatzdelikte wie etwa Untreue ein, solange die betroffene Person nicht wegen einer Vorsatztat verurteilt wird. Vor allem übernimmt eine Strafrechtsschutzversicherung auch individuell ausgehandelte Honorarvereinbarungen mit auf Wirtschaftsstrafrecht spezialisierten Rechtsanwälten. Einige Bedingungswerke zur Strafrechtsschutzversicherung schließen ferner die Kosten der Einschaltung eines Krisen-PR-Beraters mit dem Ziel der Vermeidung einer Rufschädigung des Unternehmens bzw. der Unternehmensleiter ein. Insofern werden viele Strafrechtspolicen noch ausbaufähig sein.

3. Manager-Rechtsschutz

Die Tendenz, wonach Geschäftsführer, Vorstände und Aufsichtsräte auf eine möglichst umfassende Absicherung der finanziellen Risiken aus haftungsrechtlicher und strafrechtlicher Inanspruchnahme Wert legen, wird sich fortsetzen. Dabei kann neben einer D&O-Versicherung eine zusätzliche **Vermögensschaden-Rechtsschutzversicherung** sowie eine **Anstellungsvertrags-Rechtsschutzversicherung** von Interesse sein.

Eine Vermögensschaden-Rechtsschutzversicherung könnte unter zwei Aspekten an Bedeutung gewinnen. Zum einen gibt es Unternehmen, die neben ihrer D&O-Versicherung eine separate Deckung für die Kosten der Abwehr von Schadenersatzansprüchen besitzen möchten, und zum anderen können manche Unternehmen Schwierigkeiten haben, eine D&O-Versicherung überhaupt oder zu akzeptablen Konditionen abzuschließen.

Mit der Zunahme von Auseinandersetzungen zwischen Unternehmen und ihren Führungskräften dürfte die Nachfrage nach Anstellungsvertrags-Rechtsschutzversicherungen ebenfalls steigen. Diese Policen bieten Managern Versicherungsschutz für die Wahrnehmung der rechtlichen Interessen (Übernahme von Anwalts- und Gerichtskosten) aus ihrem Anstellungsvertrag. Hintergrund ist, dass der Anstellungsvertrag z. B. eines Geschäftsführers nicht als Arbeitsvertrag zu qualifizieren ist. Demnach werden Streitigkeiten aus Anstellungsverträgen nicht vor den Arbeitsgerichten, sondern vor den Zivilgerichten ausgetragen. Das hat z. B. Bedeutung für die Höhe des Streitwerts.

Weitere Abrundungen dieser sogenannten Managerpolicen, die auch als Bündelpolicen angeboten werden können, dürften künftig in der Gestalt von Assistence-Leistungen (z. B. Krisencoaching) zu registrieren sein.

4. Kfz-Versicherung

Die Bedeutung der Kraftfahrtversicherung erkennt man bereits daran, dass die Prämieneinnahmen in dieser Sparte im Marktdurchschnitt einen Anteil von **ca. 36,5 Prozent an den Gesamtprämieneinnahmen der Schaden- und Unfallversicherung** in Deutschland aufweisen. Veränderungen der Prämienlandschaft in der Kfz-Versicherungssparte strahlen daher auf den gesamten Versicherungsvertrieb aus. Ob der Preiskampf der letzten Jahre mit dem Ziel, keinesfalls Marktanteile zu verlieren, auch im Jahre 2011 weitergeführt wird, oder ob die Kfz-Versicherer ihn bald beenden werden, ist offen. Tendenziell dürfte sich das derzeitige Prämiengefüge noch als stabil erweisen, falls die nicht unbedingt günstigen Schadenkostenquoten der Versicherer nicht deutlich negativer ausfallen. Ein besonderes Augenmerk wird auf den Schadenverlauf im Kfz-Flottengeschäft zu richten sein. Kapazitätsengpässe, die zu einer Marktverhärtung führen könnten, zeichnen sich nicht konkret ab.

Die Kfz-Versicherer werden zunehmend Möglichkeiten zur Abgrenzung von ihren Mitbewerbern durch eine Vielzahl von **Zusatzleistungen** suchen. Hier dürfte sich Spielraum für einen weiteren Bedingungswettbewerb eröffnen. Besserstellungen der Kunden können sich in der Kaskoversicherung z. B. in folgenden Bereichen ergeben: Ausweitung der Neuwertentschädigung bei Zerstörung oder umfangreicher Beschädigung des Fahrzeugs auf 24 Monate; weiter gehende Mitversicherung von Zubehör und Bordelektronik; Einschluss von mobilen Navigationsgeräten; Kostentragung für erforderliche Änderungen an der Schließanlage nach dem Diebstahl von Fahrzeugschlüsseln; Parkschadenschutz.

Die Entwicklung in der Kfz-Haftpflichtversicherung, wonach die Deckungssumme bei Personenschäden von acht auf zwölf Mio. Euro je geschädigter Person angehoben wird, dürfte sich fortsetzen. Ein neuerer Trend betrifft die Gewährung von sogenannten **Ökorabatten** für Elektrofahrzeuge und Hybridfahrzeuge, die etwa in der Schweiz bereits weit verbreitet sind. Es geht hier um Tarifdifferenzierungen bezogen auf alternative Antriebe bzw. verwendete Kraftstoffe oder reduzierten CO_2-Ausstoß.

VIII. Entwicklung der Sach- und Ertragsausfallversicherung in der Industriesparte im Jahr 2011

Autor: Wilfried Flagmeier, Frankenthal

Die Beitragsseite in der Industriesparte zeigt stagnierende Beitragseinnahmen. Dies ist eine Folge des nach wie vor harten Wettbewerbs. Auch für die Folgejahre wird keine gravierende Steigerung erwartet. In der Wohngebäudeversicherung ergaben sich Beitragssteigerungen im Wesentlichen aus dem Inflationsausgleich (Summenanpassungen) und nicht aus dem Neugeschäft. Eine grundsätzliche Änderung ist auch für 2011 nicht zu sehen.

Am 1.1.2008 ist das neue Versicherungsvertragsgesetz in Kraft getreten. Damit einher ging auch eine Anpassung der Versicherungsbedingungen. Aber nicht nur die neuen Gesetzestexte mussten umgesetzt werden, sondern auch die längst fällige Überarbeitung der Bedingungen hinsichtlich

- einheitlicher Definitionen bei den versicherten Gefahren, die oft nur in Nuancen voneinander abweichen,
- sowie der Berücksichtigung des technischen Fortschritts, um offensichtliche Regelungslücken zu schließen und um Missverständnisse zu vermeiden.

So tauchen z. B. Folgeschäden durchgängig in der Aufzählung der »versicherten Gefahren und Schäden« nicht mehr auf (Klarstellung, damit anderweitige Folgeschäden nicht als ausgeschlossen gelten).

1. Quotenregelung

Die mit der **Abschaffung des »Alles-oder-nichts-Prinzips«** und der damit verbundenen Quotenregelung bei der Schadenregulierung erwarteten Schwierigkeiten sind bisher ausgeblieben. Jedenfalls liegen dazu keine spektakulären Gerichtsentscheidungen vor. Die Neuregelung war überfällig. Schließlich hat auch die Rechtsprechung in den vergangenen Jahren an diesem »Alles-oder-nichts-Prinzip« gerüttelt. Wenn Mehrkosten für die Assekuranz entstehen, werden sich diese über kurz oder lang in den Beiträgen niederschlagen. Besser wäre es gewesen, zwei Tarife anzubieten: Tarife, in denen von vornherein auf den Einwand der groben Fahrlässigkeit verzichtet wird, und solche, in denen das Prinzip der groben Fahrlässigkeit bestehen bleibt. Einige Gesellschaften haben diese Lücke offenbar erkannt und verzichten begrenzt auf den Einwand der groben Fahrlässigkeit.

2. Musterbedingungen

Die vom GDV herausgegebenen unverbindlichen Musterbedingungen / Musterkompositionen sind jetzt die Ausgangsbasis für die unternehmensindividuelle Gestaltung von Bedingungswerken. Noch nicht abgeschlossen ist die Neugestaltung der Bedingungen zur Mitversicherung der Mehrkosten in der Feuerversicherung (BGH, Urteil vom 30.4.2008 – IV ZR 241 / 04 – OLG Köln, LG Köln). Weitere Bedingungsänderungen sind 2011 nicht zu erwarten.

3. Industrieversicherung

In der Industrieversicherung werden weitgehend Allgefahrendeckungen angeboten und auch abgeschlossen. Unterschiede in der Deckung ergeben sich aufgrund von Ausschlüssen und Sublimiten. Nach den bisher vorliegenden Ergebnissen ist zur Prämien- und Schadenentwicklung in der Sachversicherung Folgendes zu berichten:

Die **Beitragseinnahmen** in der Sachversicherung lagen im Jahr 2008 bei insgesamt 14 583 Mio. EUR. Davon entfielen auf die

- Feuer-Industrie-Versicherung 729 Mio. EUR (– 8,1 Prozent)
- Feuer-Betriebsunterbrechungsversicherung 372 Mio. EUR (– 0,4 Prozent)

Der **Schadenaufwand** und die **Schadenquoten** in den Sachversicherungszweigen reduzierten sich im Jahr 2008 gegenüber dem Vorjahr. So wurden insgesamt 10 321 Mio. EUR ausgezahlt (– 9,5 Prozent).

Die **Schadenquote** lag für die Sachversicherungen insgesamt bei 71,4 Prozent.

Davon entfielen auf

- Feuer-Industrie-Versicherung 1 828 Mio. EUR (– 3,1 Prozent)
- Feuer-Betriebsunterbrechungsversicherung 308 Mio. EUR (– 11,8 Prozent)

bei Schadenquoten von 72,6 Prozent für Industrie und 85,1 Prozent für FBU.

Wie der GDV berichtet, lag die **Combined Ratio** in der Sachversicherung insgesamt für 2009 bei 93 Prozent.

Für 2010 wird lt. GDV für die Sachversicherungen insgesamt mit Beitragseinnahmen von 15 Mrd. EUR gerechnet. Die Schaden-Kosten-Quote dürfte wegen des steigenden Schadenaufwands auf 98 Prozent ansteigen. Hohe Belastungen ergaben sich insbesondere in der Verbundenen Wohngebäudeversicherung – eine Folge des strengen Winters und der damit verbundenen Frostschäden an Leitungswasserrohren. Trotz dieser Entwicklung wird wegen des starken und intensiven Wettbewerbs nur mit moderaten Beitragsanhebungen gerechnet.

Die Beitragsseite in der Industriesparte zeigt stagnierende Beitragseinnahmen. Dies ist eine Folge des nach wie vor harten Wettbewerbs. **Auch für die Folgejahre wird keine gravierende Steigerung erwartet.** In der Wohngebäudeversicherung ergaben sich Beitragssteigerungen im Wesentlichen aus dem Inflationsausgleich (Summenanpassungen) und nicht aus dem Neugeschäft. **Eine grundsätzliche Änderung ist auch für 2011 nicht zu sehen.**

Ein professionelles Risikomanagement des Versicherungsnehmers zahlt sich immer aus. Alle Maßnahmen zur Schadenverhütung und Schadenreduzierung finden ihren Niederschlag nicht nur in den Prämienausgaben, sondern vor allen Dingen auch in der Vermeidung der im industriellen Bereich ausbleibenden oder reduzierten anschließenden Betriebsunterbrechungsschäden.

IX. Entwicklung der Kreditversicherungen im Jahr 2011

Autor: Wilfried Flagmeier, Frankenthal

Die Finanzkrise hat deutliche Spuren hinterlassen. Durch die steigende Anzahl von Insolvenzen haben die Kreditversicherer 2009 einen technischen Verlust von rd. 300 Mio. EUR ausgewiesen. Schäden und Kosten sind damit im Verhältnis zur Prämie auf 120 Prozent (Combined Ratio) gestiegen.

Bezeichnend ist die Entwicklung bei den einzelnen Gesellschaften. So erzielte z. B. Atradius 2009 Prämieneinnahmen in Höhe von 1,59 Mrd. EUR, 10,4 Prozent weniger als im Vorjahr.

Die Schadenquote ist in der zweiten Hälfte 2008 und im ersten Quartal 2009 auf mehr als 125 Prozent der Beitragseinnahmen angestiegen. Verwaltungs- und Vertriebskosten nicht mitgerechnet. Gegenmaßnahmen waren also zwingend erforderlich. Der Erfolg stellte sich dann auch ein.

Im Gesamtjahr 2009 betrug die Schadenquote nur noch 77 Prozent. Ein ähnliches Bild zeigten die Ergebnisse der anderen Versicherer.

Aus den Geschäftsberichten der Versicherer ist herauszulesen, dass die **Prioritäten eindeutig in Richtung Risikokontrolle und Risikobegrenzung** gehen. Limitkürzungen und Deckungseinschränkungen waren die Folge. Die Kritik an den großen Kreditversicherern war groß. Dazu zählen Euler Hermes, Atradius und Coface.

1. Staatliche Ergänzung

Die Folge waren Bemühungen der Industrie und der Verbände, eine unterstützende Absicherung durch den Bund zu erreichen. Am 14.12.2009 teilte dann der Gesamtverband der Deutschen Versicherungswirtschaft (GDV) mit, dass sich Bund und private Kreditversicherer auf eine bis Ende 2010 befristete staatliche Ergänzung der Warenkreditversicherung verständigt haben. Das staatliche Unterstützungsangebot greift nicht in bestehende Geschäftsmodelle der privaten Kreditversicherer ein, sondern nutzt die bestehenden Strukturen der Kreditversicherer. Ähnlich wie bei den Bundesdeckungen (Hermes) wickeln die Kreditversicherer das Kundengeschäft für die »Top-up-Deckung« vollständig ab. Ziel ist es, den kapitalschwachen Firmen bei der Absicherung ihrer Forderungen zu helfen.

Als Folge der Finanz- und Wirtschaftskrise werden im Rahmen der Exportkreditgarantien der Bundesrepublik Deutschland (Hermesdeckungen) auch die Absicherung sogenannter marktfähiger Risiken, d. h. kurzfristige Exportkredite mit Risikolaufzeiten von bis zu zwei Jahren in die EU- und die meisten OECD-Länder nach einer Entscheidung der EU-Kommission vom 5.8.2009 befristet bis Ende 2010 wieder möglich.

2. Stabilisierung der wirtschaftlichen Situation

Die Stabilisierung der wirtschaftlichen Situation hat auch zu einer verbesserten Ertragslage bei den Unternehmen geführt. Die Folge ist auch eine weitgehende Normalisierung der Deckungssituation. Dennoch spielen Risikobegrenzung und Risikokontrolle bei der Deckungsvergabe eine zunehmende Rolle. Prämie und Bedingungen sind weitgehend risikoorientiert und bewegen sich im Rahmen des Vorjahres mit leicht steigender Tendenz. Schadenregulierungen erfolgen nach festgelegten vertraglichen Vereinbarungen. Bundesdeckungen (Hermes) lassen ohnehin keine außervertraglichen Schadenersatzleistungen zu.

3. Kreditversicherer verhalten optimistisch

Die Kreditversicherer planen sowohl für 2010 als auch die Jahre danach wieder mit deutlichen Wachstumsraten in den Feldern, die unter der Krise gelitten haben. Dabei werden die Erfahrungen aus der Krise besonders genutzt werden, was unter Umständen zu einer Einschränkung der Deckungen für den Versicherungsnehmer führen kann. Dennoch hat das Deckungsvolumen der Kreditversicherer seit Jahresbeginn 2010 um zehn Milliarden EUR auf 254 Mrd. EUR zugenommen. Die private Exportkreditversicherung erreichte im Mai mit einem Volumen von 136,5 Mrd. EUR den höchsten Stand seit September 2009, führte Dr. Pohlhausen vom GDV aus. Die »Top-up-Deckungen« spielten dabei keine große Rolle. Bis Mai 2010 waren 402 Verträge mit einem Deckungsvolumen von 99 Mio. EUR abgeschlossen worden.

4. Zukünftige Entwicklung unklar

Die gesamte wirtschaftliche Entwicklung ist derzeit schwer einzuschätzen. Die seit Anfang des Jahres vorliegenden Konjunkturprognosen gingen für das Jahr 2010 von einem leichten Wachstum von 1,5–1,8 Prozent aus, welches inzwischen nach oben korrigiert wurde.

Die Deutsche Bundesbank überraschte zuletzt mit einer Wachstumsprognose von 3 Prozent. Das Geldmengenwachstum und die Instabilität einiger Euro-Länder lasten schwer auf einer nachhaltigen Entwicklung. Die Vorsorge für eine ausreichende Absicherung hat deshalb Priorität. Nicht zu vergessen ist auch die eigene Risikokontrolle durch ein professionelles Risikomanagement.

X. Das Jahr 2011 aus Sicht der bAV

Autor: Jan Hoffmann, Köln

Ein Jahreswechsel bringt es mit sich, über Chancen, Perspektiven, positive Entwicklungen, aber auch über negative Tendenzen, Risiken und Hemmnisse nachzudenken. Nach Ansicht des Gesamtverbandes der Deutschen Versicherungswirtschaft (GDV) ist die bAV nicht nur in 2010 der Wachstumsmotor der Versicherungsbranche gewesen, sie wird auch 2011 für weitere Zuwächse im Bestand der Direktversicherungen und Rückdeckungsversicherungen sorgen. Insbesondere die Auswirkungen von Solvency II und die damit verbundene Überprüfung bestehender Versorgungszusagen wird Zuwächse generieren.

1. Bilanzrechtsmodernisierungsgesetz

Zudem sind die Unternehmen gut beraten sich im Zusammenhang mit dem Bilanzrechtsmodernisierungsgesetz (BilMoG) mit ihrer betrieblichen Altersvorsorge (bAV) zu beschäftigen. Dem BilMoG zufolge müssen Unternehmen mit deutlich höheren Rückstellungen in der Handelsbilanz rechnen. Denn Pensionsrückstellungen sind seit 2010 generell marktgerecht anhand eines von der Deutschen Bundesbank monatlich ermittelten Marktzinses, also nicht mehr mit dem optimistischen steuerlichen Rechnungszins von sechs Prozent abzuzinsen. Aufgrund höherer Pensionsrückstellungen wird eine erhebliche finanzielle Mehrbelastung für die betroffenen Unternehmen damit einhergehen.

Das BilMoG bietet die Möglichkeit, Pensionsverpflichtungen an einen externen Versorgungsträger treuhänderisch auszulagern. Dies wirkt positiv auf die Eigenkapitalquote, Rating, Bonität und Bilanz mit dem Effekt der zunehmenden Inanspruchnahme von Pensionsfonds und Contractual Trust Arrangements (CTA).

Das Gesetz ermöglicht eine bisher in deutschen Einzelbilanzen nicht erlaubte Saldierung der Rückstellungen mit Zweckvermögen, was wiederum zu einer Erhöhung der fast immer und ständig unterdotierten Rückdeckungen führen wird. Auch hier könnte es einen regen Zulauf zum Pensionsfonds geben, bei dem die Differenz zwischen steuerlicher und handelsrechtlicher Rückstellung bei einer Auslagerung steuerlich geltend gemacht werden kann.

Dieser Trend wird sich 2011 mit großer Wahrscheinlichkeit fortsetzen. In diesem Zusammenhang dürfte der Beratungsbedarf der Unternehmen deutlich steigen. Denn aufgrund von Studien wurde festgestellt, dass im letzten Jahr nur 18 Prozent der Unternehmensleiter ihre Pensionszusagen aus rechtlicher Sicht haben überprüfen lassen und 21 Prozent unter Finanzierungsaspekten.

2. Mitarbeiterkapitalbeteiligung

Der Koalitionsvertrag der Bundesregierung stellt eine gewisse »Flexibilisierung und Entbürokratisierung« der steuerlich geförderten privaten Altersvorsorge in Aussicht. Ob dies überhaupt irgendwelche positiven Effekte auf die bAV zeitigen wird, darf bezweifelt werden. Eher sind noch negative Folgen für die bAV aufgrund der verbesserten Mitarbeiterkapitalbeteiligung zu erwarten, denn jeder Euro kann nur einmal angelegt werden.

3. Aufwendiges neues Versorgungsausgleichsrecht

Zusätzliche Arbeit und Kosten und eine zusätzliche Bürokratisierung wird durch das neue **Versorgungsausgleichsrecht bei Ehescheidungen** den Arbeitgebern seit dem 1.9.2009 aufgebürdet. Im vergangenen Jahr zeigten sich bereits erste Konsequenzen: Es bringt für Arbeitgeber die direkte Verfahrensbeteiligung bei einer Ehescheidung eines Mitarbeiters/Mitarbeiterin mit der sich daran anschließenden Konsequenz, für eine detaillierte Information zur Höhe der Übertragungswerte zu sorgen. Außerdem verwaltet das Unternehmen neben der bAV-Akte für seinen Arbeitnehmer eine zweite für den geschiedenen Partner. Es muss dann für den geschiedenen Partner eine zusätzliche Anwartschaft eingerichtet und verwaltet werden.

Noch komplizierter wird es, wenn der Arbeitnehmer eine neue Ehe eingeht und sich nach einigen Jahren erneut scheiden lässt – die dritte Akte entsteht. Stirbt der Arbeitnehmer, so bleiben die Ansprüche der beiden geschiedenen Ehepartner bestehen, obwohl sie niemals zur Belegschaft zählten. Auch Scheidungsverfahren längst ausgeschiedener Mitarbeiter ziehen eine Auskunftspflicht des Arbeitgebers beim Familiengericht nach sich, und das Jahre später. Deshalb ist genauestens und detailliert – auch für nachfolgende Sachbearbeiter in der Personalabteilung – zu dokumentieren.

Das neue Gesetz geht zwar grundsätzlich von einer internen Aufteilung der Rentenanwartschaften bei Scheidung aus, doch es sieht auch eine externe Lösungsmöglichkeit vor. Das ist dann der Fall, wenn die Ausgleichsberechtigten keine konkreten Angaben dazu machen, wo die Rentenansprüche geführt werden sollen. In diesem Fall wird das Familiengericht auf die neue Versorgungsausgleichskasse (VAUSK) verweisen. Es handelt sich dabei um die kapitalgedeckte Auffanglösung für Renten-Ausgleichsansprüche aus der bAV bei einer Ehescheidung. Da die VAUSK eine gesetzliche Auffanglösung ist, können die Versorgungsberechtigten ihre neuen Verträge nicht mit eigenen Beiträgen fortsetzen.

Die Unternehmen müssen zudem bei der Umsetzung des Versorgungsausgleichs zunächst einmal eine Reihe von strategischen Vorentscheidungen zur optimalen Nutzung der gegebenen Entscheidungsspielräume treffen:

- interne oder externe Teilung der Anrechte,
- Festlegung des Leistungsumfangs,
- Bemessungsgrundlage für die Teilung.

Eine komplette oder teilweise Auslagerung der neuen zusätzlichen administrativen Aufgaben auf externe bAV-Berater und -Gutachter ist möglich und ggf. auch sinnvoll.

4. EuGH-Urteil: Die bAV ist bei Kommunen ausschreibungspflichtig

Die bAV kommunaler Mitarbeiter unterliegt dem Vergaberecht. Dies stellte der EuGH in seinem Urteil vom 15.7.2010 (Az.: C-271/08) fest. Das bedeutet für die deutschen Städte und Gemeinden, dass die Vergabe der bAV zukünftig europaweit auszuschreiben ist, soweit bestimmte Schwellenwerte überschritten werden. Der Auftragswert entspricht dabei laut EuGH dem geschätzten Wert der Versicherungsprämien und im entschiedenen Fall damit den Beiträgen, die aufgrund der Entgeltumwandlung vom Entgelt der teilnehmenden Arbeitnehmer der betroffenen kommunalen Behörde oder Betriebs einbehalten werden und zur Finanzierung der bAV dienen.

Berechnungsansatz:

Geschätzte Anzahl der an der Entgeltumwandlung teilnehmenden Mitarbeiter × geschätzter monatlicher Durchschnittsbeitrag × 48

Aufgrund der vorliegenden Werte wären Ausschreibungen in den Jahren

- 2004 bei mehr als 4505 Beschäftigten,
- 2005 bei mehr als 3133 Beschäftigten,
- 2006 bei mehr als 2402 Beschäftigten und
- 2007 ebenfalls bei mehr als 2402 Beschäftigten vorzunehmen gewesen.

Die bisher geübte und tarifvertraglich vereinbarte Praxis hatte die privaten Versicherer in Deutschland gegenüber den öffentlichen Zusatzversorgungskassen sowie Kommunal- und öffentlich-rechtlichen Versicherern benachteiligt. Damit erschließt sich ein lukratives Betätigungsfeld für die privaten Anbieter.

5. PSV-Beitragssatz für 2010 deutlich geringer

Bislang wurde ein Beitragssatz von 3,7 Promille für 2010 erwartet; endgültig festgelegt wurde er Anfang November 2010 auf überraschend deutlich geringere 1,9 Prozent. Inzwischen hat der BDA die Diskussion über eine Reform des PSV durch eine risikoorientiertere Beitragsstruktur und Finanzierung in Schwung gebracht.

Eine neue Höchstmarke bei der **PSV-Beitragsfestsetzung** ist aus Arbeitgebersicht für 2009/2010 zu beklagen gewesen. Die Selbsthilfeeinrichtung der deutschen Wirtschaft, die im Fall der Insolvenz eines Unternehmens die zugesagten Betriebsrenten weiterzahlt, hatte angesichts der starken Zunahme an Insolvenzfällen und deren Masseneffekten insbesondere durch Arkandor eine **Verachtfachung des Beitragssatzes** vorzunehmen!

Die Zahl der Firmeninsolvenzen ist 2009 auf 33800 und damit um mehr als 15 Prozent gegenüber dem Vorjahr angewachsen. Betroffen sind insbesondere mittelständische Unternehmen. Für 2010 war noch keine Trendwende in Sicht.

Wenn sich die Vorhersagen bewahrheiten, dann ist 2010 mit rund 36900 Firmeninsolvenzen und Forderungsausfällen von rund 45 Milliarden Euro zu rechnen. Der konjunkturelle Aufschwung im 2. Halbjahr 2010 lässt jedoch hoffen, dass der Trend umgekehrt werden kann und dies mittelfristig wieder zu deutlich niedrigeren Beitragssätzen führen wird.

Die 14,2 Promille für 2009 (nach 1,8 Promille in 2008) als PSV-Beitragssatz sind das Ergebnis der Finanzkrise und des bisher höchsten Schadenvolumens seit Gründung des PSVaG. Das Schadenvolumen beträgt 4,047 Mrd Euro. Um die Liquidität der Mitglieder des PSVaG zu schonen, wird das für den PSV erforderliche Beitragsvolumen über fünf Jahre von 2009 bis 2013 verteilt. Diese nach dem Betriebsrentengesetz mögliche Verteilung führte für 2009 noch kurzfristig zu einer Beitragsbelastung für die Unternehmen in Deutschland von 8,2 Promille, in den Folgejahren in Höhe von jeweils 1,5 Promille. Zusätzlich zum Beitrag für 2010 werden zum 31. 12. 2010 1,5 Promillepunkte für 2009 fällig, die aufgrund des sog. Glättungsverfahrens zur Schonung der Liquidität der PSV-Mitgliedsunternehmen jeweils auf die Jahre 2010 bis 2013 verschoben worden waren.

6. Gewinner bei der Vermeidung von Zusatzbelastungen: Der Pensionsfonds

Zum Gewinner bei dieser dramatischen Entwicklung des PSV-Beitragssatzes könnte der **Pensionsfonds** als Durchführungsweg werden, denn durch Auslagerung lassen sich so bis zu 80 Prozent der PSVaG-Beiträge bezogen auf den so ausgelagerten Bestand einsparen. Pensionsfonds bieten exklusiv die steuerfreie Übernahme von Pensionsverpflichtungen. Mit einer solchen Übertragung kann sich ein Unternehmen nachhaltig von den wirtschaftlichen Risiken einer Versorgungszusage befreien. Ökonomisch sinnvoll kann dieser Schritt sein, wenn es darum geht, den Cashflow der Zukunft zu planen und das Unternehmen krisenfester zu machen. Die Reduktion der Vorsorgeverbindlichkeiten kann zu einer besseren Bewertung durch Ratingagenturen und Banken führen.

7. Neues Übertragungsabkommen ab 1.2.2011

Der GDV hat das Übertragungsabkommen vom 1.1.2005 überarbeitet. Es wird zum 1.2.2011 in Kraft treten. Dem Abkommen können zukünftig auch alle Pensionsfonds beitreten, die in Deutschland zum Geschäftsbetrieb zugelassen sind und Mitglied des GDV sind. Neu aufgenommen wurden auch Pensionsfonds mit versicherungsförmiger Garantie nach § 3 Nr. 63 und Nr. 66 EStG.

8. bAV stagniert – auch in 2011?

Der bAV-Umsatz stagniert, die Zuwächse stammen primär aus der Direktversicherung, während die Pensionskassen Marktanteile einbüßen. Die Arbeitnehmer sind vorsorgemüde, der Euro kann nur einmal ausgegeben werden, Unwille und Unkenntnis herrschen auf Arbeitnehmerseite vor, auch die Unternehmen informieren nicht umfassend und intensiv genug.

Rund 40 Prozent der Deutschen haben Ansprüche aus der bAV, jedoch sind es nur rund 22 Prozent der bis zu 29-Jährigen, aber 52 Prozent der 40- bis 49-Jährigen und 42 Prozent der 30- bis 39-Jährigen. Dies ergab eine repräsentative Umfrage von **TNS Emnid im Auftrag der Gothaer Versicherung.**

Deutsche Bank Research ermittelte, dass noch immer deutlich mehr als 40 Prozent der sozialversicherungspflichtig Beschäftigten über keine Anwartschaften auf eine Betriebsrente verfügen. Bei Unternehmen mit weniger als 20 Beschäftigten sind es rund 60 Prozent, bei Betrieben mit ein bis vier Mitarbeitern sogar 70 Prozent. Eine vermeintlich bereits ausreichende Versorgung, mangelnde finanzielle Mittel und Möglichkeiten sowie fehlende Kenntnisse bzgl. der bAV halten viele Beschäftigte von der Entgeltumwandlung ab. Hauptgründe für das Zögern der Arbeitgeber und Arbeitnehmer bei der Umsetzung der bAV in den Unternehmen sind: mangelndes Interesse der Mitarbeiter, hohe Kosten der bAV (komplex und mit hohem administrativem Aufwand verbunden), bewusste Zurückhaltung des Arbeitgebers.

Interessante Ergebnisse in Bezug auf die bAV förderte auch die **MetallRente Studie Jugend, Vorsorge, Finanzen** zutage. Die Generation der heute 17- bis 27-Jährigen ist eine leistungsorientierte Generation des pragmatischen Optimismus, extrem mobil und flexibel, die in ihrem Weltbild durchaus noch Raum für Gemeinsinn, Hilfsbereitschaft und gesellschaftliche Verantwortung hat. Sie ist bereit, eigenes Geld in die Altersvorsorge zu investieren und hofft darauf, dass auch der Staat seine sozial ausgleichende Rolle beibehält. Verbreitet ist die Befürchtung, im Alter nur eine Mindestversorgung zu erhalten.

Das aktuelle Sparverhalten der Jugendlichen für die Altersvorsorge zeigt eine bedrohliche soziale Spaltung an, die in Zukunft zu großen Problemen führen kann. Die Hälfte der Jugend, die in guter bis sehr guter Wirtschaftslage lebt, zeigt beim Älterwerden bereits den nötigen Aktivierungsschub für eine Eigenvorsorge, während das bei der anderen Hälfte in mäßiger bis schlechter Lage ganz und gar nicht der Fall ist. Der Sicherheit wird klar der Vorzug vor Risiko und Rendite gegeben.

Junge Menschen nehmen allerdings deutlich unterproportional an der zusätzlichen und insbesondere betrieblichen Altersversorgung teil, sowohl der Verbreitung als auch der Höhe nach. In der jungen Generation wirken Trägheit und die Neigung zum Aufschieben von Sparaktivitäten besonders nachhaltig. Insbesondere stellt sich die Frage nach den Möglichkeiten, eine Demotivation für die Eigenvorsorge zu verhindern. Ernüchternd ist auch die Feststellung, dass nicht einmal die Hälfte der Jugendlichen, die bereits eine betriebliche Altersvorsorge haben, sich traut, diesen Begriff zu erklären.

Der **BDA** stellte zudem fest, dass Kompliziertheit der bAV die Arbeitgeber verschreckt. Die unnötige Kompliziertheit behindert das dringend benötigte Engagement und führt zudem aufgrund der Kosten zu Rentenkürzungen.

9. Wünsche an den Gesetzgeber

Zum Jahresbeginn sollte man mit guten Vorsätzen und Wünschen nicht geizen, deshalb seien auch an dieser Stelle einige Aspekte genannt, die dazu beitragen sollten, die bAV als in Zukunft noch bedeutsamer werdendes Instrument für eine erfolgreiche Fachkräfteakquisition nutzen zu können:

1. Erweiterung des Dotierungsrahmens des § 3 Nr. 63 EStG, um so die gesamte bAV über einen einzigen Durchführungsweg abwickeln zu können statt wie bisher mehrere aufeinander aufzusatteln (Wunsch: 10 Prozent);
2. und im Rahmen des § 3 Nr. 63 EStG mit nachträglicher Aufstockungsmöglichkeit bei vorherigem Nichtausnutzen innerhalb von sieben Jahren eine Nachholoption des nicht ausgeschöpften Dotierungsrahmens z. B. zum Auffangen von Kurzarbeit, Teilzeit, Elternzeit, Arbeitslosigkeit zu ermöglichen.
3. Übertragungsmöglichkeit des future service der aktiv Beschäftigten auf einen Pensionsfonds ausbauen und flankieren, um so eine Entbürokratisierung durch Wegfallen der jetzigen Kombimodelle zu erreichen.
4. Öffnung der Riester-Förderung auch für Selbstständige.
5. Größere Flexibilität bei der Absicherung des Berufsunfähigkeitsrisikos bei Riester-Rente durch Erhöhung von 15 Prozent auf 50 Prozent der Beiträge.
6. Rücknahme der Erhöhung des Mindestrentenalters 62 in der bAV ab 2012 auf 60 Jahre.
7. Öffnung der Vererbbarkeit von Hinterbliebenenleistungen ohne Einschränkungen auf bestimmte Verwandtschaftsgrade.
8. Reduzierung der Komplexität von fünf Durchführungswegen und drei Zusagearten in jeglicher Hinsicht.

XI. Die Personenversicherungssparten im Jahr 2011

Autor: Jan Hoffmann, Köln

Die Personenversicherungssparten wie die private Krankenversicherung, Renten-, Lebens- und Unfallversicherung werden auch in 2011 wie bereits in 2010 durch eine Vielzahl an neuen Produkten und Tarifen in Erscheinung treten. Oftmals wird es sich um Modifizierungen von bereits am Markt etablierten Produkten handeln, teilweise aber auch um neue Produktideen und Novationen.

1. Pflegeversicherungen

Die Bedeutung von Pflegeversicherungen wird steigen. Zum einen aufgrund der immer wieder aufflammenden Diskussion über dieses Generationenproblem, das sich aufgrund der demografischen Entwicklung hin zu immer mehr alten und immer weniger jungen Menschen zwangsläufig drängender stellt. Zum anderen sind die Fragen der Finanzierbarkeit und der Leistungsinhalte nicht geklärt.

In Deutschland wird die Anzahl der älteren Menschen ab 60 Jahren von 2005 20,5 Mio. bis 2030 um 8 Mio. auf 28,5 Mio. Bundesbürger steigen. Das entspricht dann rund 36 Prozent statt bisher 25 Prozent der Gesamtbevölkerung. Nach den Prognosen des Statistischen Bundesamtes wird die Zahl der Pflegebedürftigen in der sozialen Pflegeversicherung bei konstanter altersspezifischer Pflegewahrscheinlichkeit von 1,97 Mio. 2006 auf rund 3,09 Mio. im Jahr 2030 ansteigen. Wissenschaftler halten langfristig einen Beitragssatz von drei bis vier Prozent, teilweise auch von vier bis sieben Prozent vom zu versteuernden Bruttoeinkommen für realistisch. Diese Zahlen zeigen, dass das Pflegeproblem ein zentrales Problem der nächsten Jahrzehnte sein wird.

Hinzu kommen

- die zunehmende Hochaltrigkeit mit exponentiellem Anstieg der Demenzerkrankungen,
- die immer kleiner werdenden Familien und damit das Problem, die Versorgung alter Menschen im familiären Kreis nicht mehr leisten zu können sowie
- das schnelle Absinken älterer Menschen in die Sozialhilfe.

Nach einer Studie der Allianz Private Krankenversicherung AG haben bisher nur rund 43 Prozent der Bundesbürger finanzielle Reserven für den Fall der Pflegebedürftigkeit angelegt. Die Möglichkeit, zusätzlich privat vorzusorgen, wird also relativ wenig genutzt. Hinzu kommt offenbar ein bisher nicht berücksichtigter Effekt: der Abschreckungseffekt – hervorgerufen durch Horrorszenarien von finanziellen Belastungen im Alter bei Pflegebedürftigkeit. Offenbar reagiert so mancher Bürger mit Attentismus – er unternimmt lieber nichts, weil er den Eindruck gewonnen hat, ohnehin nicht das langfristig Richtige tun zu können.

Es ist davon auszugehen, dass sich die Politik des Themas annehmen und neue Rahmenbedingungen setzen wird. Im Koalitionsvertrag ist eine obligatorische, kapitalgedeckte und individualisierte Pflege-Zusatzversicherung als Ziel erklärt worden. In 2011 ist mit einem entsprechenden Gesetzentwurf zu rechnen.

Gerade bei der Ansprache der sogenannten Best Ager, der vermögenden Zielgruppe ab 55, wird das Thema Pflege und Pflegeabsicherung auch unter diesem Aspekt eine zunehmende Rolle spielen.

2. Berufsunfähigkeitsversicherungen

Dass die Absicherung des Berufsunfähigkeitsrisikos sinnvoll ist und die Renten wegen Erwerbsminderung der gesetzlichen Rentenversicherung bei Weitem nicht ausreichen, um den gewohnten Lebensstandard auch nur annäherungsweise aufrechterhalten zu können, sollte sich eigentlich herumgesprochen haben. Umso erstaunlicher eigentlich, dass die Marktdurchdringung immer noch nicht geschafft wurde. Nur 24 Prozent der deutschen Haushalte verfügt über eine BU-Police, die durchschnittliche BU-Rente beträgt 558 Euro im Monat und 70 bis 90 Prozent der Versicherten sind mit weniger als 1000 Euro BU-Rente monatlich oftmals vermutlich unzureichend abgesichert.

Der Bedarf ist also vorhanden, die Vermittler sehen eigentlich auch durchaus erhebliche Absatzpotenziale. Bei der aktuellen Umfrage bei Maklern durch die DRMM Maklermanagement AG wurden die Absatzpotenziale für Berufsunfähigkeitsversicherungen derzeit mit 74 Prozent am höchsten eingeschätzt, sehr deutlich vor fondsgebundenen Rentenversicherungen mit 42 Prozent sowie fondsgebundenen Basisrenten und Riesterrenten mit 40 und 37 Prozent.

Einer der Gründe dafür, dass die Marktdurchdringung nicht größer ist, liegt sicherlich auch im dem restriktiven Annahmeverhalten so manch eines Versicherers, nicht zuletzt deshalb, weil sich die angebotenen Tarife zur BU nach wie vor in einem extremen Bedingungswettbewerb befinden und hohe Bedingungsqualität nur guten Risiken geboten wird. Für die, die sich eine BU-Police leisten können, sind die Tarife in der Regel noch günstiger geworden – aber für diejenigen, die die BU aufgrund ihrer beruflichen Tätigkeit viel dringender benötigen würden, haben sich die Preise verdoppelt bis vervierfacht. Und auch so mancher Vermittler wird den BU-Versicherungsschutz unter pekuniären Aspekten zwiespältig sehen, wird doch nur im Erfolgsfall eine Provision gezahlt, was sich dann bei einer Antragsablehnung als vergeblich investierte Zeit, Mühe und Geld erweist. Auch deshalb mag es sein, dass der eigentlich wichtige und notwendige Versicherungsschutz gegen BU-Risiken nicht wirklich aktiv und offensiv verkauft wird.

3. Gruppen-Unfallversicherung

In dieser Sparte regiert ein harter Preis- und Bedingungswettbewerb, und das schon seit mehreren Jahren. Im Zusammenhang mit der VVG-Reform und den neuen Tarifwerken und Produktangeboten einzelner Versicherer sowie in Zusammenarbeit mit verschiedenen Maklern haben sich ganz erstaunliche Möglichkeiten eröffnet. Gerade bei den sogenannten kostenfreien Zusatzleistungen wie Bergungskosten, kosmetische Operationskosten, Rehabilitationsleistungen, Umbaukosten, Sofortleistung bei schweren Verletzungen, Komageld etc. herrscht ganz erheblicher Bedingungswettbewerb. Und in Sachen Beitragssätze sind die 0,40 Euro je 1000 Euro Versicherungssumme für den Invaliditätsfall mit Progressionsstaffel schon Geschichte.

Besondere Bedeutung besitzt insbesondere aus Arbeitgebersicht der **Erlass des Bundesministeriums der Finanzen (BMF) vom 28.10.2009** für die lohnsteuerliche Behandlung von Beiträgen und Leistungen, zumal diese neu geregelt wurde. In der Regel werden Gruppen-Unfallversicherungen vom Arbeitgeber zugunsten der Arbeitnehmer als Versicherung zu deren Gunsten und für fremde Rechnung abgeschlossen. Materiell begünstigt werden dabei die Arbeitnehmer.

Grundsätzlich bestehen jetzt zwei vertragliche Gestaltungsmöglichkeiten:

- Besitzt der Arbeitnehmer einen sog. Direktanspruch gegen den Unfallversicherer, dann sind die Beiträge des Arbeitgebers als Arbeitslohn in Form von Barlohn zu qualifizieren, mit der Folge, dass sie bereits im Zeitpunkt der Zahlung lohnsteuerpflichtig sind. Die Leistungen aus der GRUV sind dann weitestgehend steuerfrei.
- Steht die Ausübung der Rechte aus der GRUV nur dem Arbeitgeber zu, dann sind die Beiträge zunächst kein Arbeitslohn und damit zunächst auch nicht lohnsteuerpflichtig. Erst im Leistungsfall sind dann die aufgewendeten Beiträge zu berücksichtigen und lohnzuversteuern.

4. Private Unfallversicherung

Im Unterschied zur betrieblichen Schwestersparte Gruppen-Unfallversicherung findet zwar in der Einzelunfallversicherung sowie Familien-Unfallversicherung ein gewisser Bedingungswettbewerb statt, während aber in preislicher Hinsicht nach wie vor immer noch Prämienunterschiede von um die 300 Prozent festzustellen sind. Vermittler können gerade in dieser Sparte durch die Empfehlung hervorragender Produkte mit sehr gutem Preis-Leistungs-Verhältnis punkten. Einige Versicherer haben sich in den letzten Monaten mit recht interessanten Bedingungsbesonderheiten hervorgetan. So verzichtet ein Unfallversicherer auf die Anrechnung eines Mitwirkungsanteils bei einem Unfall in einem seiner Tarifbausteine. Ein anderer bietet den lebenslangen und leistungsoptimierten fortlaufenden Unfallschutz ohne ein zu Beginn festgelegtes Vertragsende bei Erreichen einer bestimmten Altersgrenze an. Der Vertragsabschluss ist bis zum 75. Lebensjahr möglich.

5. Fondsgebundene Rentenversicherungen

Während die fondsgebundene Lebensversicherung kaum noch nachgefragt und angeboten wird, scheint sich die Nachfrage nach fondsgebundenen Rentenversicherungen gerade in den letzten Monaten 2010 wieder zu stabilisieren und anzusteigen. Offenbar ist der – die letzten zwei Jahre alles überschattende – Wunsch nach maximaler Sicherheit bei maximaler Rendite in Zeiten der Finanzkrise wieder dem Streben nach höheren Renditen in Niedrigzinsmärkten unter der Perspektive Hoffnung und Optimismus gewichen. Makler sind mehrheitlich von der Leistungsfähigkeit der Fondspolicen überzeugt. Der Beratungsbedarf bei den Kunden ist unverändert hoch, wobei Sicherheitsthemen etwas an Bedeutung verloren haben. Aber immer noch ist die Sicherheit der Kapitalanlage vor der Sicherheit des Vertragspartners das wichtigste Kriterium. Die Flexibilität der Kapitalanlage, Renditeaussichten, Steuervorteile, Fondsauswahl und die Kosten des Vertrages sind zudem wesentliche Themen im Kundengespräch.

Gerade beim Kostenausweis gibt es noch Verbesserungspotenzial. Diskutiert werden die Einführung einer Gesamtkostenkennzahl und die damit verbundene Hoffnung von Verbraucherschützern und interessierten Kunden, endlich transparenter und genauer erfahren zu können, was nach Abzug aller eingerechneten Kosten tatsächlich von den eingezahlten Beiträgen in die Wertanlage fließt. Die Kostenquoten liegen zwischen 9 und um die 45 Prozent.

Garantieprodukte werden von Vermittlern als deutlich leistungsfähiger als z. B. eine kapitalbildende Rentenversicherung angesehen. Am Markt gibt es inzwischen eine Vielzahl unterschiedlicher Garantiemodelle, sodass der Kunde alleine die Unterschiede, Vorteile und Nachteile nicht selbst erkennen kann. Auch hier bietet sich ein ganz erhebliches Beratungspotenzial für qualifizierte Vermittler.

6. Private Lebens- und Rentenversicherung

Die deutschen Lebensversicherer sind im Großen und Ganzen recht gut durch die Finanzkrise gekommen, jedoch zeigen einige rückläufige Kennzahlen wie sinkende Nettorendite und sinkende Ablaufleistungen nach 30-jährigen Vertragsdauern und erste Zweifel an dem Gewinnpotenzial der Lebensversicherung aufgrund der lang andauernden Niedrigzinsphase eine gewisse Verunsicherung. Zudem ist mit Regulierungsmaßnahmen auf europäischer und nationaler Ebene zu rechnen, was nicht zur Beruhigung beitragen wird. Gesunken ist die Anzahl an vorzeitig aufgelösten Lebensversicherungsverträgen.

Bei den deutschen Lebensversicherern steht in den kommenden Jahren nach Victoria Leben, Delta Lloyd, Berlin-Kölnische und Aspecta einer Reihe von weiteren Gesellschaften die Abwicklung, sogenannte Run-offs, bevor. Niedrige Zinsen, eine überalterte IT-Infrastruktur und hohe Vertriebskosten machten den Geschäftsbetrieb zunehmend unrentabel, sodass dann die Abwicklung als Lösung verbliebe, so die Ratingagentur Fitch.

Ganz aktuell ist für 2011 zur Mitte des Jahres die **Senkung des Garantiezinses** für Neuverträge zu erwarten. Zu erwarten ist auch die **Senkung der Überschussdeklaration** bei einzelnen Gesellschaften für 2011 und der Rückzug bzw. die Übernahme oder Fusion einzelner kleinerer Lebensversicherer. Allerdings soll dabei im Durchschnitt immer noch die vier vor dem Komma stehen, wie es aus Branchenkreisen verlautete.

Solange die Niedrigzinsphase an den Kapitalmärkten anhält und Gesetzesbestimmungen wie das Bilanzrechtsmodernisierungsgesetz oder Solvency II Auswirkungen zeitigen und ausgezahlte Kapitalien angelegt werden müssen, wird das **Einmalbeitragsgeschäft** auch in 2011 weiter florieren. Ob in der bisherigen Größenordnung kann bezweifelt werden, aber doch mit bleibender Neugeschäftswirkung. Denn die Bundesanstalt für Finanzdienstleistungsaufsicht BaFin hatte Mitte Oktober 2010 Maßnahmen zur Regulierung von Tarifen mit kurzfristigem Anlagehorizont im Einmalbeitragsgeschäft ergriffen, die u. a. darin bestehen, eine selbstständige Abteilung des Sicherungsvermögens hierfür einzurichten, angemessene Stornoabzüge zu erheben, geringere Überschussbeteiligungen gegenüber anderen Bestandsverträgen vorzusehen und die Einmalbeitragshöhe zu deckeln. Derzeit steht beim vereinbarten Zinssatz i. d. R. eine 1 vor dem Komma – was dazu führt, dass diese kurzfristigen Kapitalisierungsgeschäfte kaum mehr interessant sein dürften. Schon 2010 war ganz klar ein Trend zur klassischen Rentenversicherung beim Einmalbeitragsgeschäft festzustellen.

7. Private Krankenversicherung (PKV)

In 2010 war ein Nachfrageanstieg nach Krankenvollversicherungen auf der Basis der Erhebungen von YouGovPsychonomics festzustellen. Stichwort Gesundheitsreform: Wenn schon eine Reform – dann aber bitte richtig. Alle Jahre wieder versucht sich die jeweils zuständige Regierung daran, neue Pflästerchen auf die immer größer werdenden Wunden des sogenannten Gesundheitssystems zu kleben – mit dem Erfolg, dass es nie zu einer Heilung, aber zu einer chronischen und sich weiter verschlimmernden Erkrankung kommt, die bis hin zum Systemkollaps führen könnte. In den letzten 20 Jahren hatte es bereits sieben Gesundheitsreformen gegeben. Doch der jetzt viel beschworene sogenannte richtungsweisende Einstieg in einkommensunabhängige Zusatzbeiträge kann nicht vertuschen, dass das eigentliche Ziel wieder nicht erreicht wurde – eine Entscheidung herbeizuführen, wie denn das Zweiklassenmodell GKV und PKV an die Herausforderungen der nächsten Jahrzehnte anzupassen ist, damit Krankenversicherungsschutz bezahlbar bleibt und die Versorgung gewährleistet werden kann, ist ein weiteres Mal vertagt worden.

Die PKV hat von der jüngsten **Reform** besonders profitiert, da eine Verkürzung der Wartezeit für den Wechsel von der GKV zur PKV bereits zum 31.12.2010 von drei auf ein Jahr nach Überschreiten der Versicherungspflichtgrenze vorgesehen ist. Hinzu kommt noch die Absenkung der Versicherungspflichtgrenze von 49 950 Euro auf 49 500 Euro ab 2011. Die PKV soll zukünftig auch von den Zwangsrabatten profitieren, die die Arzneimittelhersteller den gesetzlichen Krankenkassen gewähren müssen. Die PKV soll dabei dazu verpflichtet werden, die so erzielten Einsparungen ausschließlich zur Begrenzung von Prämienerhöhungen oder zu Prämienermäßigungen zu verwenden.

Zudem läuft die über Bundesmittel finanzierte Beitragssatzabsenkung in der GKV zum 31.12.2010 aus, sodass ab 1.1.2011 wieder 15,5 Prozent Beitragssatz an die Krankenkassen zu entrichten sind (statt 14,9 Prozent). Arbeitnehmer und Arbeitgeber, Rentner und Rentenversicherungsträger müssen jeweils 0,3 Prozent höhere Beitragssätze zur GKV entrichten.

Allein schon aufgrund der derzeit geringen Renditen aus den Kapitalanlagen ist in 2011 mit deutlich höheren Beiträgen in der PKV zu rechnen. Erwartet werden durchschnittlich sechs bis acht Prozent. Hinzu kommen noch die üblichen normalen **Beitragsanpassungen** aufgrund der gestiegenen Kosten. Diese lagen in den letzten Jahren bei durchschnittlich um die fünf Prozent.

8. Steuererleichterungen für Lebensversicherer und PKV

Die lang anhaltende Niedrigzinsphase macht der PKV als auch den Lebensversicherern erheblich zu schaffen, zumal die Erträge im Zuge der Finanzkrise eingebrochen sind und die erforderlichen Rückstellungen nicht aufgebaut werden konnten. Die Bundesregierung greift den Versicherern bildlich gesprochen unter die Arme, gewährt Steuererleichterungen mit einer zeitlichen Befristung bis 2013, damit die Sicherheitspuffer nicht gerade jetzt in der Niedrigzinsphase abgebaut werden müssen. Man befürchtet offenbar ansonsten, dass es bei einzelnen Versicherern zur völligen Auflösung der noch verbliebenen Reserven kommen könnte, was in Japan zu acht Insolvenzen zwischen 1997 und 2001 führte. Damit reagiert man auf die zunehmenden Probleme der Branche, denn die Lebensversicherer erhalten für neue Anlagen in deutschen Staatsanleihen weniger als 2,5 Prozent Zinsen, haben gegenüber ihren Kunden allerdings Verpflichtungen in Form einer durchschnittlichen Garantieverzinsung von 3,4 Prozent, bei Neuverträgen derzeit noch von 2,25 Prozent.

Mehrere Krankenversicherer hatten schon 2009 weniger als 3,5 Prozent erzielt, im Durchschnitt wurden aber noch 4,2 Prozent erreicht. Der Höchstrechnungszins beträgt nach wie vor 3,50 Prozent und eine Absenkung des über Jahrzehnte konstanten Satzes würde zu einer Aufstockung der Rückstellungen über zusätzliche Beitragserhöhungen führen und das Wechselgeschäft zur PKV beeinträchtigen. Bei der Steuererleichterung geht es um die freien Rückstellungen für die Beitragsrückerstattung (RfB), also um die Kapitalerträge, die nicht sofort an die Kunden ausgeschüttet werden müssen und die nun statt für drei Jahre für fünf Jahre als Eigenmittel geparkt werden können. Mit dem Jahressteuergesetz wird der Höchstbetrag auf die Rückstellungen der letzten fünf Jahre verlängert.

XII. Wiederanlagemanagement von Auszahlungsbeträgen

Autor: Jörg Heidemann, Weilerswist

Im Jahresdurchschnitt stehen Jahr für Jahr mit steigender Tendenz und damit auch wieder für 2011 rund 35 Mrd. EUR zur Wiederanlage bei ausgezahlten Lebensversicherungspolicen zur Verfügung. Um dieses Geld und seine Wiederanlage konkurrieren Banken, Investmentgesellschaften und Versicherer. Die Lebensversicherer sind dabei relativ erfolglos. Im Jahr 2006 wurden nur rund 11 Prozent im Durchschnitt wieder angelegt, im Jahr 2009 waren es nach der vierten Untersuchung von SMC (Schmidt Management Consulting AG) unter 10 Prozent bei rund drei Viertel der befragten Lebensversicherungsunternehmen.

Die Zahl der Unternehmen, die eine höhere Wiederanlagequote erreichten, verringerte sich in den letzten zwei Jahren sogar. Nur sechs Prozent der Versicherer erreichen eine Wiederanlagequote von mehr als 20 Prozent. Bei der Bewertung der Quoten sollte unbedingt berücksichtigt werden, dass die Messung des Wiederanlageerfolges nicht einheitlich definiert ist.

Wieso sind die Versicherer, ihr Außendienst, aber auch die Makler insgesamt so wenig erfolgreich beim Wiederanlagemanagement und was kann man tun, um diese interessante Zielgruppe und die damit verbundenen Wiederanlagechancen zu nutzen?

1. Unbekannte Zielgruppe?

Es ist zu vermuten, dass sich die Vermittler mit der Wiederanlage schwer tun, weil sie zu wenig über ihren Wiederanlagekunden wissen. Die Zielgruppe, die das 50. Lebensjahr erreicht oder überschritten hat, die sogenannten **Best Ager**, ist äußerst heterogen, d.h., die hier vorhandenen Erwartungen, Zielsetzungen, die individuelle Lebenssituation, die wirtschaftliche Basis, die Zukunftsplanung, die noch zu erfüllenden Wünsche und Tätigkeiten differieren sehr stark. Verschiedene Studien der letzten Jahre belegen diese Einschätzung. Zwar gibt es ein paar spezialisierte Versicherer und Vertriebsmannschaften, doch das Gros der Vermittler hat aufgrund dieser Heterogenität Probleme, konkrete Angebote zu offerieren.

2. Anlagemotive der Kunden

Auch die Anlagemotive der Kunden dürften weitestgehend unbekannt sein. Die Versicherer sind derzeit auf dem Wege zu erforschen, wohin die ausgezahlten Versicherungsleistungen fließen. Es mangelt offenbar an einem regelrechten Ablaufmanagement, einer Hinterfragung und der Analyse der Wiederanlageentscheidung des Kunden, d.h. an einem ganzheitlichen Wiederanlagemanagement.

Der Kunde kann z. B. beabsichtigen mit einem Teil oder dem gesamten Auszahlungsbetrag eine oder mehrere der folgenden Optionen zu wählen:

- die Tilgung eines Darlehens oder einer Hypothek,
- die Anschaffung eines neuen Pkws oder
- den Umbau oder Ausbau des Hauses,
- die lang geplante längere Auslandsreise oder Weltreise,
- Investitionen in Immobilien oder Grundstücke,
- Aktien oder sonstige Investments,
- die Unterstützung der Kinder und Enkel in und nach der Ausbildung,
- kurzfristige Kapitalverfügbarkeit,
- Lebensstandardsicherung für das Alter,
- staatliche Förderungen wie die Basisrente aus steuerlichen Gründen,
- Erbschaft, Schenkungen, Vermögensübertragungen,
- Bestattungsvorsorge, Grabpflege.

Wenn in einigen Beständen der Lebensversicherer die Gruppe der Best Ager inzwischen mehr als 50 Prozent der Bestandskunden ausmacht – was liegt dann näher, als sich auf diese Klientel zu fokussieren. Was also tun?

3. Versorgungssituation abklären

Bevor der Kunde auf bestimmte konkrete Anlageformen angesprochen wird, sollten einige Kriterien abgefragt bzw. geprüft werden:

Derzeitige Situation: Stehen Sie noch voll im Berufsleben oder sind Sie bereits im Ruhestand bzw. Vorruhestand?

Planen Sie Investitionen? Haben Sie vor, Ihr Haus oder Ihre Wohnung zu renovieren oder barrierefrei für das Alter umzubauen?

Beabsichtigen Sie **Rücklagen** zu bilden, um für mögliche Pflegesituationen gerüstet zu sein?

Wie viel Geld benötigen Sie, um Ihren **Lebensstandard beizubehalten** oder ihn bedarfsweise sogar erhöhen zu können?

Haben Sie vor **Rücklagen für Erbschaften** oder **Schenkungen** an Ihre Kinder oder Enkel zu bilden?

Ist noch für die **Ausbildung** der Kinder oder Enkelkinder zu sorgen?

Welche **Wünsche** möchten Sie sich im Ruhestand erfüllen, z. B. Auslandsreisen, Altersruhesitz im Ausland, Hobbys, Studium?

4. Bedarfsanalyse und Gesamtberatungsansatz

Wie bei jeder Entscheidung sollte vor dem Vertragsabschluss eine Bedarfsanalyse stehen, um die individuellen Kundenbedürfnisse genau kennenzulernen und entsprechend geeigneten Versicherungsschutz anbieten zu können. Es sollte die Maxime gelten, dass nicht das Produkt zu verkaufen ist, sondern die adäquate Lösung für die konkrete Bedarfssituation des Kunden.

Eine Gesamtberatung zu den interessierenden Themen dürfte als optimal anzusehen sein. Der Aufwand dafür ist allerdings immens, dürfte sich jedoch lohnen – denn gute Beratung zahlt sich mittelfristig aus.

Viele Kunden halten eine Ruhestandsplanung zunächst für entbehrlich, weil sie der Meinung sind, dass sie bereits alles Erforderliche getan haben. Das Gegenteil dürfte allerdings oft der Fall sein. Tatsächlich benötigen sie eine Art Risikomanager, weil sie beispielsweise regelmäßig ihre Lebenserwartung unterschätzen und gleichzeitig die Zeit, die ihnen zur Verfügung steht, um die Weichen für den Ruhestand zu stellen, überschätzen.

Die Ablaufkunden der nächsten Jahre und Jahrzehnte müssen während der Zugehörigkeit zur Zielgruppe für das Thema Ruhestandsplanung und allgemeine Risikoabdeckung gegen noch möglicherweise eintretende Fälle im Alter sensibilisiert und begleitet werden.

Im Vordergrund der Analyse durch Spezialisten stehen dann insbesondere:

- Sicherung des Einkommens,
- Vorsorge für den Pflegefall,
- Flexibilität bei den Kapitalanlagen,
- Erbschaftsplanung,
- Organisation der Pflege von Angehörigen,
- Patientenverfügung, Vorsorgevollmachten.

Bei der Analyse durch den Spezialvertrieb geht es darum, mit dem Kunden darüber zu sprechen, wie er sich auf den Ruhestand in drei, fünf oder zehn Jahren vorbereiten kann. Die richtigen Fragen sollten dabei im Mittelpunkt stehen – nicht die möglicherweise aktuell empfehlenswerten Produkte.

Die Analyse sollte sich mit Antworten auf folgende Fragen beschäftigen:

- Wie kann der Ablaufkunde seine **Rente sichern**?
- Wie kann er sein Vermögen im **Pflegefall** schützen?
- Was geschieht bei **Insolvenz** seines Unternehmens mit seinen diversen Versorgungsansprüchen?
- Wie kann er für die **Erbschaftsplanung** vorsorgen?

- Wie kann er **vorzeitig in Ruhestand** gehen und welche Abschläge muss er bei den diversen Versorgungssystemen hinnehmen?
- Welche **steuerlichen und sozialversicherungsrechtlichen Konsequenzen** und Belastungen ergeben sich aus heutiger Sicht?
- Was geschieht bei **Invalidität**, **Erwerbsminderung**, schwerwiegenden Erkrankungen?
- Welche veränderte Situation ergibt sich z. B. aufgrund des **Todes des Ehepartners**?

5. Kundenpflege und Zeitpunkt der Kundenansprache

Kennt der Kunde seinen Versicherer oder den für ihn eigentlich zuständigen Ansprechpartner gar nicht mehr, dann ist es nicht verwunderlich, dass der Kunde die Möglichkeit der Wiederanlage gar nicht realisiert. Zwei Drittel der befragten Lebensversicherer informieren ihren Vertrieb innerhalb eines Jahres vor Ablauf einer Police. Die überwiegende Mehrheit spricht seine Kunden erst im letzten Jahr vor Ablauf an – sehr verwunderlich, kann man doch vermuten, dass die Mehrheit der Kunden zu diesem Zeitpunkt bereits konkrete Pläne zur Verwendung des Kapitals geschmiedet hat.

6. Vertriebssteuerung und Vertriebsunterstützung

Ganz entscheidend für den Wiederanlageerfolg scheint auch die Unterstützung durch die IT des Versicherers zu sein. Überall dort, wo eine prozessgesteuerte Identifikation und **IT-Unterstützung** bei der Wiederanlageakquise vorgenommen wird, scheinen bessere Resultate generiert werden zu können. Direkt-Marketing, Beratungstools, Arbeitsmittel, Verkaufshilfen, Beratungssoftware, Checklisten, gut aufbereitete und umfassende Informationen über den »Ablaufkunden« und Unterstützung durch Spezialisten können hilfreich sein. Monetäre Anreize forcieren die Motivation in den Vertriebswegen.

Das Know-how der Spezialisten, die sich auf Wiederanlagemanagement beim Kunden spezialisiert haben, sollte den Anforderungen entsprechend umfassend sein. Vermittler ohne eine solche thematische und fachliche Spezialisierung werden zwangsläufig an der Komplexität der Fragestellungen bei dieser Zielgruppe mit entsprechenden Erfahrungswerten i. d. R. scheitern müssen. Es sollten insbesondere folgende Fehler vermieden werden:

- fehlende Kenntnis über den eigenen Kundenbestand
- zu späte Kontaktaufnahme mit dem Ablaufkunden
- fehlende Steuerung des Kundenkontaktprozesses
- fehlende Erfolgskontrolle
- fehlende Anreizsysteme für Vermittler

- fehlendes zielgruppenspezifisches und fachliches Know-how
- fehlende Wiederanlageunterstützung durch IT- und Vertriebsunterstützung

7. Zielgruppenorientierte Angebote

Es hat sich gezeigt, dass es auf jeden Fall günstiger ist, bei einer Wiederanlage nicht auf eine einzige Anlageform zu setzen, sondern das Risiko zu streuen und so eine größere Flexibilität zu gewährleisten. Es sollten sowohl kurz- bis mittelfristige, aber auch langfristigere Geldanlagen getätigt werden. Das Angebot der Lebensversicherer für die Zielgruppe der Best Ager scheint nicht optimal zu sein, auch wenn die Lebensversicherer das zu 65 Prozent anders beurteilen.

Die 4. Studie von SMC für 2009 führte zu dem Ergebnis, dass insbesondere für eine geeignete Wiederanlage Rentenversicherungen mit Einmaleinzahlung und klassische Rentenversicherungen sowie Parkkonten besonders hoch im Kurs stehen. Es folgen Renten- und Garantiefonds, Aktienfonds. Die Anbieter sehen in den Pflegeversicherungen gegen Einmalzahlung interessante Wachstumschancen für zukünftige Wiederanlagen.

Vor dem Hintergrund steigender Lebenserwartung und zunehmend unsicherer staatlicher Altersversorgung (Rente mit 67 oder schon bald 69, Verbeitragung der bAV-Auszahlungen, nachgelagerte Besteuerung etc.) sind für diese Zielgruppe vor allem Produkte interessant, die die kurzfristige Verfügbarkeit des Kapitals mit größtmöglicher Anlagesicherheit und gleichzeitig hohen Erträgen verbinden. Innovative Produkte als Antwort auf die individuellen Kundenbedürfnisse – das könnte die Lösung von der Produktseite betrachtet sein.

Psychonomics ermittelte, dass rund die Hälfte der befragten Makler durchschnittlich Wiederanlagebeträge aus Kapitallebensversicherungen von über 30 000 EUR erzielten, jeder Dritte lag über 50 000 EUR und 15 Prozent über 75 000 EUR. Im Durchschnitt werden 60 Prozent der Auszahlungshöhe wieder angelegt.

Wiederanlagechancen sind also gegeben – fragt sich nur, ob man als Vermittler bereit ist, das aufwendige und anspruchsvolle Thema offensiv anzugehen.